莊子集成　劉固盛　主編

南華經別編

［明］王宗沐　撰　劉莉莎　點校

莊子章義

［清］姚鼐　撰　劉韶軍　點校

海峽出版發行集團
THE STRAITS PUBLISHING & DISTRIBUTING GROUP
福建人民出版社

二〇一一—二〇二〇年國家古籍整理出版規劃項目
全國高等院校古籍整理研究工作委員會直接資助項目
華中師範大學中國語言文學一流學科建設項目

莊子集成出版前言

《莊子》是先秦道家重要經典，戰國中期莊周及其後學所撰。《莊子》原爲五十二篇，經西晉郭象删削編定，尚存三十三篇流傳至今。《莊子》在兩漢未受特别重視，至魏晉之際，因與玄學思潮投合，注釋漸多，影響較廣的有崔譔、向秀、司馬彪諸家，但多已亡佚。惟郭象參考諸家之注，加以發揮，形成後世通行的注本。唐代成玄英又依郭注作《南華真經注疏》，補釋郭注未及的字義名物，在思想上也有獨到闡發。陸德明《經典釋文》中有《莊子音義》三卷，因保存較多唐以前異文舊注，爲治《莊》必備之書。

目前流傳下來的《莊子》注本，多成書於宋以後。宋學長於義理思辨，以儒、釋、道解《莊》的傾向較爲明顯，到明代更形成了會通三教的風氣。宋代興起文章評點之風，林希逸、劉辰翁評析《莊子》，引發對《莊子》語言及行文的探索。明代又出現方式更多樣、結構更嚴密的《莊子》評點類著作，《莊子》文章批評成爲專門領域。

清乾嘉以來，考據輯佚之學盛行，注《莊》者更重視校釋文義、考正韻讀、輯補佚文，如盧文弨、王念孫、茆泮林、俞樾、孫詒讓諸家，均取得較高成就。清末郭慶藩、王先謙先後撰《莊子集釋》、《莊子集解》，雖繁簡各殊，而均以集納衆長、具總結性質，成爲百年來最通行的《莊子》注本。近代以降，隨着新舊學術轉型，《莊子》研究多從哲學史、文化史角度展開，或進行學術史的總結，已突破傳統格局。

歷代莊學著述今存三百餘種，近人嚴靈峰編《無求備齋莊子集成初編》、《續編》及《老列莊三子集成補編》，始予系統影印；方勇主編《子藏·道家部·莊子卷》，又續有增益。然均未經點校，不便閱讀。爲總結歷代莊學成就，推動莊學研究進程，福建人民出版社與華中師範大學道家道教研究中心合作編纂《莊子集成》，系統整理魏晉至民國間中國學者有關《莊子》的注疏文獻，分輯出版，以備廣大讀者、研究者使用。

二〇二二年十一月

目次

莊子章義

南華經別編

整理説明

《南華經别編》二卷，明王宗沐撰。王宗沐（一五二三—一五九二），字新甫，號敬所，浙江臨海人。嘉靖二十三年（一五四四）進士，授刑部主事。歷官廣西按察僉事、江西提學副使、山西右布政使、山東左布政使、刑部左侍郎等。萬曆九年（一五八一）罷官歸里。著有《宋元資治通鑑》六十四卷、《江西省大志》八卷、《海運詳考》二卷、文集三十卷、奏疏四卷等。

《南華經别編》是明代《莊子》評點類著作中較有特色的一種。前有施觀民《重刻南華别編序》，稱是書初刻於王宗沐督學江右期間，萬曆三年由施觀民重刻。其書不録《莊子》全文，僅截取若干章節，獨立成篇並命名，如「北冥篇」、「庖丁篇」、「南郭篇」等，篇次亦與《莊子》原書有别。篇題下多有王宗沐批語，揭示該篇章法脈絡。正文附圈點，並有小字旁注及小字夾注，旨在評點文法，説明文章結構。

此次整理，以明萬曆三年施觀民刻本爲底本，以《道藏》所收成玄英《南華真經注疏》

（簡稱「《道藏》成疏本」）爲參校本。原書中的旁注以小字宋體繫於相應正文之下，夾注則採用小字楷體，以與旁注區别。底本中漫漶不清、無法辨識的文字，則以□表示。

劉莉莎

重刻南華别編序

予曩喜讀《南華經》，顧其辭豪宕，其指淵深，氾乎不涉其涯津，悵悵乎不知其顛倪，蓋讀而輟者屢矣。比守毘陵，得以歲漕事受戒。今於敬所王先生語次及蒙莊氏書，先生出《别編》示予，則督學江右時所刻，以惠門下士者。予受而締觀之，其分章析體，豎截點註，皆有深意，誠足發其奥窔。即起蒙莊氏叩之，當心醉神蘇矣。乃知一卷之書不勝異意，而千載之下知其解者，謂非旦暮遇之乎？夫莊氏書古今評者不一，可無論已，今由先生之意繹之，其所稱天籟良庖，毋乃自狀與？而是編也，抉其唱喁唱于之韻，謂一部禪宗大指胚胎，於此亦恢恢乎遊刃而解矣。後之讀者得以領其節奏，嘗其肯綮，皆先生發之也，有功於文教，不鉅且久哉？予欲廣其傳也，錫尹周君邦傑爲先生所取士，素讀先生書，因屬梓之而敘其所以梓者如此。萬曆乙亥歲秋菊月，閩玉融施觀民書於永慶禪林周視亭。

南華經別編卷之上

臨海王宗沐編

北冥篇

批：此篇直述體。大、小二字，乃其眼目。鯤鵬大者[一]，鷽鳩、斥鴳小者。文字一頭、二證、一結，奇崛不倫。

北冥有魚，一頭。其名爲鯤。鯤之大，不知其幾千里也。化而爲鳥，其名爲鵬。鵬之背，不知其幾千里也。怒而飛，其翼若垂天之雲。是鳥也，海運則將徙於南冥。南冥者，天池也。《齊諧》者，志怪者也。突起引証是一節。《諧》之言曰：「鵬之徙於南冥也，水擊三千里，摶扶摇而上者九萬里，去以六月息者也。」野馬也，塵埃也，生物之以息相吹也。天

〔一〕「鯤」，原作「鵾」，據下文改。

之蒼蒼，其正色邪？其遠而無所至極邪？其視下也，亦若是則已矣。且夫水之積也不厚，則負大舟也無力。覆杯水於坳堂之上，則芥爲之舟，置杯焉則膠，水淺而舟大也。風之積也不厚，則其負大翼也無力。故九萬里，則風斯在下矣，而後乃今培風。背青天而莫之夭閼者，而後乃今將圖南。蜩與鷽鳩笑之曰：「我決起而飛，搶榆枋，時則不至，而控於地而已矣，奚以之九萬里而南爲〔一〕？」適莽蒼者，三餐而反，腹猶果然；適百里者，宿舂糧；適千里者，三月聚糧。之二蟲又何知。小知不及大知，着眼。小年不及大年。奚以知其然也？朝菌不知晦朔，蟪蛄不知春秋，此小年也。楚之南有冥靈者，以五百歲爲春，五百歲爲秋。上古有大椿者，以八千歲爲春，八千歲爲秋。而彭祖乃今以久特聞，衆人匹之，不亦悲乎。

湯之問棘也是已。又突起引証，是一節。窮髮之北有冥海者，天池也。有魚焉，其廣數千里，未有知其脩者，其名爲鯤〔二〕。有鳥焉，其名爲鵬，背若太山，翼若垂天之雲，摶扶搖羊角而上者九萬里，絶雲氣，負青天，然後圖南，且適南冥也。斥鴳笑之曰：「彼且奚適也？我騰躍而上，不過數仞而下，翱翔蓬蒿之間，此亦飛之至也。而彼且奚適也？」此小

〔一〕「以之」，原作「之以」，據《道藏》成疏本卷一改。

〔二〕「鯤」，原作「鵾」，據上文及《道藏》成疏本卷一改。

大之辨也。着眼。

故夫知效一官，入結正說。行比一鄉，德合一君，而徵一國者，其自視也亦若此矣。而宋榮子猶然笑之。且舉世而譽之而不加勸，舉世而非之而不加沮，定乎內外之分，辨乎榮辱之境，斯已矣。彼其於世未數數然也。雖然，猶有未樹也。夫列子御風而行，泠然善也，旬有五日而後反。彼於致福者，未數數然也。此雖免乎行，猶有所待者也。若夫乘天地之正，而御六氣之辯，以遊無窮者，彼且惡乎待哉？故曰，至人無己，神人無功，聖人無名。

庖丁篇

批：此篇用意精深，而下語鍛鍊，殆無遺憾。此莊子極得意文，亦其透悟自描畫處。淺淺讀之，未易窺也。當與《輪扁篇》及老杜《義鶻行》參看。

庖丁爲文惠君解牛，手之所觸，肩之所倚，足之所履，膝之所踦，砉然嚮然，奏刀騞然，莫不中音。合於《桑林》之舞，乃中《經首》之會。先形容起，何等深而不俗。文惠君曰：「譆，善哉，技蓋至此乎？」庖丁釋刀對曰：「臣之所好者道也，進乎技矣。始臣之解牛之時，所見無非牛者。三年之後，未嘗見全牛也。方今之時，臣以神遇而不以目視，官知止而神欲行。依乎天理，批大郤，導大窾，因其固然。技經肯綮之未嘗，而況大軱乎？良庖歲更刀，割也；族庖月更刀，折也。今臣之刀十九年矣，所解數千牛矣，而刀刃若新發於硎。彼節者有間，而刀刃者無厚，以無厚入有間，恢恢乎其於遊刃必有餘地矣，是以十九年而刀刃若新發於硎。雖然，轉。每至於族，吾見其難爲，此難字與《論語》「爲之難」一樣。怵然爲戒，視爲止，行爲遲。動刀甚微，謋然已解，如土委地。此節發明神解處，形容精妙，一字一點血，自非莊子見到實際，安能道此。提刀而立，爲之四顧，爲之躊躇滿志，暗應神遇。善刀暗應割折。而藏之。」文惠君曰：「善哉。吾聞庖丁之言，得養生焉。」

南郭篇

批：此篇長體。本以齊物論爲主，却借風起，後始入題。四大柱入結，中多顛倒紆散之語。

南郭子綦隱几而坐，仰天而噓，嗒焉似喪其耦。顏成子游立侍乎前，曰：「何居乎？形固可使如槁木，而心固可使如死灰乎？今之隱几者，非昔之隱几者也。」子綦曰：「偃，不亦善乎，而問之也。今者吾喪我，汝知之乎？汝聞人籟而未聞地籟，汝聞地籟而未聞天籟夫。」子游曰：「敢問其方。」子綦曰：「夫大塊噫氣，其名爲風。是唯無作，作則萬竅怒號。而獨不聞之翏翏乎？只是形容風字，而用字奇怪不常，此莊子筆力處。山林之畏佳，大木百圍之竅穴，似鼻，似口，似耳，似枅，似圈，似臼，似洼者，似污者。以上水竅。激者，謞者，叱者，吸者，叫者，譹者，宎者，咬者，前者唱于而隨者唱喁。泠風則小和，飄風則大和，厲風濟則衆竅爲虛。而獨不見之調調，之刁刁乎？以上風聲。子游曰：「地籟則衆竅是已，人籟則比竹是已，敢問天籟。」子綦曰：「夫吹萬不同，而使其自己也。咸其自取，怒者其誰邪？」造化所使。大知閑閑，小知閒閒；大言炎炎，小言詹詹。其寐也魂交，其覺也形開，與接爲構，日以心鬬。縵者，窖者，密者。小恐惴惴，大恐縵縵。其發若機栝，其司是非之謂也；其留如詛盟，其守勝之謂也；其殺如秋冬，以言其日消也；其溺之所爲之，不可使復之也；其厭也如緘，以言其老洫也；近死之心，莫使復陽也。喜怒哀樂，慮歎變慹，姚佚啟態；樂出虛，蒸成菌。日夜相代乎前，而莫知其所萌。已乎，已乎，旦暮得此，其所由以生乎？非彼無我，非我無所取。是亦近矣，而不知其所爲使。若有真宰，指出造化。而特不得其朕。可行已信，而不見其形，有情而無形。百骸、九竅、六藏，賅而存焉，吾誰與爲親？汝皆悅之乎？其有私焉？如是皆有爲臣妾乎？其臣妾不足以相治乎？其遞相爲君臣乎？其有真君存焉？如求得其情與不得，無益損乎其真。一受其成形，不亡以待盡。與物相刃相靡，其行盡如馳，而莫之能止，不亦悲乎。終身役役而不見其成功，薾然疲役而不知其所歸，可不哀邪。人謂之不死，奚益？其形化，其心與之然，可不謂大哀乎？人之生也，固若是芒乎？其我獨芒，而人亦有不芒者乎？夫隨其成心而師之，誰獨且無師乎？奚必知代而心自取者有之？愚者與有焉。未成乎心而有是非，是今日適越而昔至也。是以無有爲有。無有爲有，雖有神禹，且不能知，吾獨且奈何哉。夫言非吹也，言者有言，其所言者特未定也。果有言邪？其未嘗有言邪？其以爲異於鷇音，亦有辯乎？其無辯乎？道惡乎隱而有真僞？真僞。言惡乎隱而有是非？道惡乎往而不存？言惡乎存而不可？道隱於小成，言隱於榮華。故有儒墨之是非，以是其所非而非其所是。欲是其所非而非其所是，則莫若以明。物無非彼，物無非是。自彼則不見，自知則知之。故曰彼出於是，是亦因彼。彼是方生之説也。雖然，方生方死，方死方生；生死。方可方不可，方不可方可；因是因非，因非因是。是非。是以聖人不由，而照之于天，亦因是也。是亦彼也，彼亦是也。彼亦一是非，此亦一是非。果且有彼是乎哉？果且無彼是乎哉？彼是莫得其偶，謂之道樞。樞始得其環中，以應無窮。是亦一無窮，非亦一無窮也。故曰莫若以明。結以明，奇。以指喻指之非指，不若以非指喻指之非指也；

以馬喻馬之非馬，不若以非馬喻馬之非馬也。天地一指也，萬物一馬也。可乎可，不可乎不可。道行之而成，物謂之而然。惡乎然？然於然。惡乎不然？不然於不然。物固有所然，物固有所可。無物不然，無物不可。故爲是舉莛與楹，厲與西施，恢恑憰怪，道通爲一。其分也，成也；其成也，毁也。成毁。凡物無成與毁，復通爲一。唯達者知通爲一，爲是不用而寓諸庸。庸也者，用也；用也者，通也；通也者，得也；適得而幾矣。因是已。結因是。已而不知其然，謂之道。勞神明爲一而不知其同也，謂之朝三。何爲朝三？曰狙公賦芧，曰：「朝三而暮四。」衆狙皆怒。曰：「然則朝四而暮三。」衆狙皆悦。名實未虧而喜怒爲用，名實。亦因是也。是以聖人和之以是非而休乎天均，是之謂兩行。

古之人，其知有所至矣。惡乎至？有以爲未始有物者，至矣，盡矣，不可以加矣。其次以爲有物矣，而未始有封也。其次以爲有封焉，而未始有是非也。是非之彰也，道之所以虧也。道之所以虧，愛之所以成。果且有成與虧乎哉？果且無成與虧乎哉？有成與虧，故昭氏之鼓琴也；無成與虧，故昭氏之不鼓琴也。昭文之鼓琴也，師曠之枝策也，惠子之據梧也，三子之知幾乎，皆其盛者也，故載之末年。惟其好之也，以異於彼，其好之也，欲以明之。彼非所明而明之，故以堅白之昧終。而其子又以文之綸終〔一〕，終身無成。若是而可謂成乎？雖我亦成也。若是而不可謂成乎？物與我無成也。是故滑疑之耀，聖人之所圖也。爲是不用而寓諸庸，此之謂以明。再結以明。

今且有言於此，不知其與是類乎？其與是不類乎？類與不類，相與爲類，則與彼無以異矣。雖然，請嘗言之。有始也者，有未始有始也者，有未始有夫未始有始也者。有有也者，有無也者，有未始有無也者，有未始有夫未始有無也者。俄而有無矣，而未知有無之果孰有孰無也。今我則已有謂矣，而未知吾所謂之其果有謂乎？其果無謂乎？天下莫大於秋毫之末，而太山爲小；大小。莫壽乎殤子，而彭祖爲夭。壽夭。天地與我並生，而萬物與我爲一。既已爲一矣，且得有言乎？既已謂之一矣，且得無言乎？一與言爲二，二與一爲三。自此以往，巧歷不能得，而況其凡乎？故自無適有以至於三，而況自有適有乎？無適焉，因是已。再結因是。

夫道未始有封，言未始有常，爲是而有畛也。請言其畛：有左有右，有倫有義，有分有辯，有競有爭，此之謂八德。六合之外，聖人存而不論；六合之内，聖人論而不議。

〔一〕「又」，原作「文」，據《道藏》成疏本卷三改。

《春秋》經世先王之志，聖人議而不辯。故分也者，有不分也；辯也者，有不辯也。曰：何也？聖人懷之，衆人辯之以相示也。故曰辯也者，有不見也。夫大道不稱，大辯不言，大仁不仁，大廉不嗛，大勇不忮。道昭而不道，言辯而不及，仁常而不成，廉清而不信，勇忮而不成。五者园而幾向方矣，故知止其所不知，至矣。孰知不言之辯，不道之道？若有能知，此之謂天府。注焉而不滿，酌焉而不竭，而不知其所由來，此之謂葆光。

顏闔篇

批：此篇短體，然語事曲中人情，而文字轉換奇妙特甚。

顏闔將傅衛靈公太子，而問於蘧伯玉曰：「有人於此，其德天殺。與之爲無方，則危吾国；與之爲有方，則危吾身。其知適足以知人之過，而不知其所以過。若然者，吾奈之何？」蘧伯玉曰：「善哉問乎。戒之，慎之，正汝身哉。形莫若就，心莫若和。雖然，一轉。之二者有患。就不欲入，和不欲出。形就而入，且爲顛爲滅，爲崩爲蹶。心和而出，且爲聲爲名，爲妖爲孽。彼且爲嬰兒，亦與之爲嬰兒。應問目。彼且爲無町畦，亦與之爲無町畦。彼且爲無崖，亦與之爲無崖。達之，入於無疵。汝不知夫螳蜋乎？一譬。怒其臂以當車轍，不知其不勝任也，是其才之美者也。戒之，愼之。積伐而美者以犯之，幾矣。汝不知夫養虎者乎？二譬。不敢以生物與之，爲其殺之之怒也；不敢以全物與之，爲其決之之怒也。時其饑飽，達其怒心。虎之與人異類而媚養己者，順也；故其殺者，逆也。夫愛馬者，三譬。以筐盛矢，以蜃盛溺。適有蚉宝僕緣，而拊之不時，則缺銜毀首碎胸。意有所至而愛有所亡，可不愼邪。」三譬各自爲意，故不覺重覆。文字莫難於譬，而譬尤難於重。此《莊子》千古絶技，當無有及者。

顔回篇

批：此篇答問體。大約以虚爲馭物之地，而忘我爲集虚之則。然文精鍊，隱約難讀，所以爲莊子之文。

顔回見仲尼，請行。曰：「奚之？」曰：「將之衛。」曰：「奚爲焉？」曰：「回聞衛君，其年壯，其行獨。輕用其國，而不見其過；輕用民死，死者以國量乎澤若蕉，民其無如矣。回嘗聞之夫子曰：『治國去之，亂國就之，醫門多疾。』願以所聞思其則，庶幾其國有瘳乎。」仲尼曰：「譆，若殆往而刑耳。夫道不欲雜，雜則多，多則擾，擾則憂，憂而不救。

古之至人，先存諸己而後存諸人。所存於己者未定，何暇至於暴人之所行。且若亦知夫德之所蕩而知之所爲出乎哉？德蕩乎名，知出乎爭。有名，心則不虛。名也者，相軋也；知也者，爭之器也。二者凶器，非所以盡行也。且德厚信矼，未達人氣；名聞不爭，未達人心。而强以仁義繩墨之言術暴人之前者，是以人惡有其美也，命之曰菑人。菑人者，人必反菑之，若殆爲人菑夫。且苟爲悦賢而惡不肖，惡用而求有以異？若唯無詔，王公必將乘人而鬭其捷。工句。而目將熒之，而色將平之，口將營之，容將形之，心且成之。是以火救火，以水救水，名之曰益多。順始無窮，若殆以不信厚言，必死於暴人之前矣。且昔者桀殺關龍逢，紂殺王子比干，一証刑字。是皆脩其身以下傴拊人之民，以下拂其上者也，故其君因其脩以擠之。是好名者也。昔者堯攻叢枝、胥敖，禹攻有扈，二証刑字。國爲虛厲，身爲刑戮，其用兵不止，其求實無已。是皆求名實者也，而獨不聞之乎？名實者，聖人之所不能勝也，而况若乎？雖然，轉下來。若必有以也，嘗以語我來。」顔回曰：「端而虛，勉而一，則可乎？」曰：「惡，惡可？夫以陽爲充孔揚，采色不定，常人之所不違，因案人之所感，以求容與其心。名之曰日漸之德不成，而况大德乎？將執而不化，外合而內不訾，其庸詎可乎？」此以下顔回語。「然則我內直而外曲，成而上比。內直者，與天爲徒。與天爲徒者，知天子之與己皆天之所子，而獨以己言蘄乎而人善之，蘄乎而人不善之邪？若然者，人謂之童子，是之謂與天爲徒。外曲者，與人之爲徒也。擎跽曲拳，人臣之禮也，人皆爲之，吾敢不爲邪？爲人之所爲者，人亦無疵焉，是之謂與人爲徒。成而上比者，與古爲徒。其言雖教，讁之實也。古之有也，非吾有也。若然者，雖直不爲病，是之謂與古爲徒。三比直竪格。若是則可乎？」仲尼曰：「惡，惡可？大多政，法而不諜，雖固亦無罪。雖然，止是耳矣，夫胡可以及化？猶師心者也。」顏回曰：「吾無以進矣，敢問其方。」仲尼曰：「齋，吾將語若。有而爲之，其易邪？易之者，暤天不宜。」顏回曰：「回之家貧，唯不飲酒不茹葷者數月矣。若此，則可以爲齋乎？」曰：「是祭祀之齋，非心齋也。」回曰：「敢問心齋。」仲尼曰：「若一志，無聽之以耳而聽之以心，無聽之以心而聽之以氣。聽止於耳，心止於符。氣也者，虛而待物者也。一篇止此，一字結煞。唯道集虛。虛者，心齋也。」顏回曰：「回之未始得使，實自回也；得使之也，未始有回也。無我。可謂虛乎？」夫子曰：「盡矣。吾語若。若能入游其樊而無感其名，入則鳴，不入則止。應前二証好名處。無門無毒，一宅而寓於不得已，則幾矣。絶迹易，無行地難。爲人使易以僞，爲天使難以僞。聞以有翼飛者矣，未聞以無翼飛者也；聞以有知知者矣，未聞以無知知者也。瞻彼闋者，虛室生白，吉祥止止。夫且不止，是之謂坐馳。夫狗耳目内通而外於心知，鬼神將來舍，而況人乎。是萬物之化也，禹舜之所紐也，伏羲、几蘧之所行終，而況散焉者乎？

瞿鵲篇

批：此篇答問直敘體。翻生死是一篇主意。

瞿鵲子問乎長梧子曰：「吾聞諸夫子，聖人不從事於務，不就利，不違害，不喜求，不緣道，無謂有謂，有謂無謂，而遊乎塵垢之外。夫子以爲孟浪之言，而我以爲妙道之行也。吾子以爲奚若？」長梧子曰：「是黄帝之所聽熒也，惑也。而丘也何足以知之。且汝亦大早計，見卵而求時夜〔一〕，見彈而求鴞炙。余嘗爲汝妄言之，汝以妄聽之。奚旁日月，挾宇宙，爲其脗合，置其滑涽，以隸相尊？衆人役役，聖人愚芚，參萬歲而一成純。萬物盡然，而以是相蘊。予惡乎知悦生之非惑邪？予惡乎知惡死之非弱喪而不知歸者邪？四字一篇柱。麗之姬，新奇入譬。艾封人之子也。晉國之始得之也，涕泣沾襟。及其至於王所，與王同匡牀，食芻豢，而後悔其泣也。予惡乎知夫死者不悔其始之蘄生乎？夢飲酒

〔一〕「卵」，原作「卯」，據《道藏》成疏本卷三改。

者，旦而哭泣；夢哭泣者，旦而田獵。方其夢也，不知其夢也。夢之中又占其夢焉，覺而後知其夢也。且有大覺而後知此其大夢也，而愚者自以爲覺，竊竊然知之。君乎，牧乎，固哉。丘也與汝，皆夢也；予謂汝夢，亦夢也。是其言也，其名爲吊詭。萬世之後而一遇大聖，知其解者，是旦暮遇之也。既使我與若辯矣，若勝我，我不若勝，若果是也，我果非也邪？我勝若，若不吾勝，我果是也，而果非也邪？其或是也，其或非也邪？其俱是也，其俱非也邪？我與若不能相知也，則人固受其黮闇。吾誰使正之？使同乎若者正之，既與若同矣，惡能正之？使同乎我者正之，既同乎我矣，惡能正之？使異乎我與若者正之，既異乎我與若矣，惡能正之？使同乎我與若者正之，既同乎我與若矣，惡能正之？然則我與若與人俱不能相知也，而待彼也邪？何謂和之以天倪？曰：是不是，然不然。是若果是也，則是之異乎不是也亦無辨；然若果然也，則然之異乎不然也亦無辨。化聲之相待，若其不相待。和之以天倪，因之以曼衍，所以窮年也。忘年忘義，振於無竟，故寓諸無竟。

葉公篇

批：此篇一頭兩脚體。以曲盡人情，故命篇曰《人間世》。

葉公子高將使於齊，問於仲尼曰：「王使諸梁也甚重，齊之待使者，蓋將甚敬而不急。匹夫猶未可動也，而况諸侯乎？吾甚慄之。子嘗語諸梁也曰：『凡事若小若大，寡不道以懽成。事若不成，則必有人道之患；事若成，則必有陰陽之患。二大柱。若成若不成而後無患者，唯有德者能之。』吾食也執粗而不臧，爨無欲清之人。今吾朝受命而夕飲冰，我其内熱與。吾未至乎事之情，而既有陰陽之患矣。事若不成，必有人道之患。是兩也，爲人臣者不足以任之，子其有以語我來。」仲尼曰：「天下有大戒二：其一，命也；其一，義也。子之愛親，命也，不可解於心。臣之事君，義也，無適而非君也，無所逃於天地之間。是之謂大戒。是以夫事其親者，不擇地而安之，孝之至也。夫事其君者，不擇事而安之，忠之盛也。自事其心者，哀樂不易施乎前，知其不可奈何而安之若命，德之至也。爲人臣子者，固有所不得已。行事之情而忘其身，何暇至於悦生而惡死？四字中子高頂門。夫子其行可矣。丘請復以所聞：凡交近則必相靡以信，遠則必忠之以言，言必或傳之。夫傳兩喜兩怒之言，天下之難者也。夫兩喜必多溢美之言，兩怒必多溢惡之言。凡溢之類也妄，妄則其信之也莫，莫則傳言者殃。故法言曰：『傳其常情，無傳其溢言，則幾乎全。』不傳溢言，無人道之患。且以巧鬬力者，始乎陽，常卒乎陰，泰至則多奇巧。以禮飲酒者，始乎治，常卒乎亂，泰至則多奇樂。凡事亦然，始乎諒，常卒乎鄙；其作始也簡，其將畢也必巨。言者，風波也；行者，實喪也。夫風波易以動，實喪易以危。故忿設無由，巧言偏辭。獸死不擇音，氣息茀然，於是並生心厲。剋核太至，則必有不肖之心應之，而不知其然也。苟爲不知其然也，孰知其所終？故法言曰：『無遷令，無勸成，過度益也。』遷令勸成殆事，美成在久，惡成不及改，可不慎與。且夫乘物以遊心，託不得已以養中，至矣。何作爲報也？莫若爲致命。以二字結正對。此其難者。」子高悦生惡死之病，致命則無陰陽之患。

南伯篇

批：此篇短體，文字奇古，借三客以形主，意義自妙。

南伯子綦游乎商之丘，見大木焉有異，結駟千乘，隱將芘其所藾。子綦曰：「此何木也哉？」此必有異材夫。」仰而視其細枝，則拳曲而不可以爲棟梁；俯而視其大根，則軸解而不可以爲棺槨；咶其葉，則口爛而爲傷；嗅之，則使人狂酲，三日而不已。子綦曰：「此果不材之木也，以至於此其大也。嗟乎神人，以此不材。宋有荆氏者，客。宜楸、柏、桑。其拱把而上者，文奇。求狙猴之杙者斬之。三圍四圍，求高名之麗者斬之。七圍八圍，貴人富商之家求禪傍者斬之。故未終其天年，而中道夭於斧斤，此材之患也。故解之以牛之白顙者，客。與豚之亢鼻者，與人有痔病者，不可以適河。文奇。此皆巫祝以知之矣，所以爲不祥也。此乃神人之所以爲大祥也。支離疏者，客。頤隱於齊，文奇。肩高於頂，會撮指天，五管在上，兩髀爲脅。挫鍼治繲，足以糊口；鼓筴播精，足以食十人。上徵武士，則支離攘臂於其間。上有大役，則支離以有常疾不受功。上與病者粟，則受三鍾與十束薪。夫支離其形者，猶足以養其身，終其天年，又況支離其德者乎？」

知天篇

批：此篇直敘體。

知天之所爲，直叙下。知人之所爲者，至矣。知天之所爲者，天而生也。知人之所爲者，以其知之所知以養其知之所不知，終其天年而不中道夭者，是知之盛也。雖然，有患。夫知有所待而後當，其所待者特未定也。庸詎知吾所謂天之非人乎？所謂人之非天乎？且有真人而後有真知。提頭。何謂真人？古之真人，不逆寡，不雄成，不謨士。若然者，過而弗悔，當而不自得也。若然者，登高不慄，入水不濡，入火不熱。是知之能登假於道也若此。古之真人，其寢不夢，其覺無憂，其食不甘，其息深深。真人之息以踵，衆人之息以喉。屈服者，其嗌言若哇。其耆欲深者，其天機淺。古之真人，不知悅生，不知惡死；其出不訢，其入不距；翛然而往，翛然而來而已矣。不忘其所始，不求其所終；受而喜之，忘而復之。是之謂不以心捐道，不以人助天。是之謂真人。小結句。若然者，其心志，其容寂，其顙頯，凄然似秋，煖然似春，喜怒通四時，與物有宜而莫知其極。故聖人之用兵也，亡國而不失人心；利澤施乎萬世，不爲愛人。故樂通物，非聖人也；有親，非仁也；天時，非賢也；利害不通，非君子也；行名失己，非士也；亡身不真，非役人也。若狐不偕、務光、伯夷、叔齊、箕子、胥餘、紀他、申徒狄，是役人之役，適人之適，而不自適其適者也。

古之真人，其狀義而不朋，若不足而不承。看他下字。與乎其觚而不堅也，張乎其虛而不華也。邴邴乎其似喜乎。崔乎其不得已乎。滀乎進我色也，與乎止我德也，厲乎其似世乎。謷乎其未可制也，連乎其似好閉也，悗乎忘其言也[一]。以刑爲體，以禮爲翼，以知爲時，以德爲循。以刑爲體者，綽乎其殺也。以禮爲翼者，所以行於世也。以知爲時者，不得已於事也。以德爲循者，言其與有足者至於丘也。而人真以爲勤行者也。故其好之也一，其弗好之也一。其一也一，其不一也一。其一與天爲徒，其不一與人爲徒。天與人不相勝也，是之謂真人。結句。

死生，命也；其有夜旦之常，天也。人之有所不得與，皆物之情也。彼特以天爲父，而身猶愛之，而况其卓乎。人特以有君爲愈乎己，而身猶死之，而况其真乎。泉涸，魚相與處於陸，相呴以濕，相濡以沫，不如相忘於江湖。與其譽堯而非桀也，不如兩忘而化其道。夫大塊載我以形，勞我以生，佚我以老，息我以死。故善吾生者，乃所以善吾死也。夫藏舟於壑，藏山於澤，謂之固矣。然而夜半有力者負之而走，昧者不知也。藏小大有宜，猶有所遯。若夫藏天下於天下而不得所遯，是恒物之大情也。特犯人之形而猶喜之。若人之形者，萬化而未始有極也，其爲樂可勝計邪？故聖人將遊於物之所不得遯而皆存。善夭善老，善始善終，人猶效之，又况萬物之所係，而一化之所待乎？夫道，有情

[一] 「悗」，原作「悅」，據《道藏》成疏本卷七改。

有信，無爲無形。可傳而不可受，可得而不可見。自本自根，未有天地，自古以固存。神鬼神帝，生天生地。在太極之先而不爲高，在六極之下而不爲深，先天地生而不爲久，長於上古而不爲老。直述文字便如此結得方是奇手，後人模倣便堆垛。狶韋氏得之，以挈天地。伏戲得之，以襲氣母。維斗得之，終古不忒。日月得之，終古不息。堪坏得之，以襲崑崙。馮夷得之，以遊大川。肩吾得之，以處大山。黄帝得之，以登雲天。顓頊得之，以處玄宫。禺强得之，立乎北極。西王母得之，坐乎少廣，莫知其始，莫知其終。彭祖得之，上及有虞，下及五伯。傅説得之，以相武丁，奄有天下，乘東維，騎箕尾，而比於列星。

女偊篇

批：此篇短體，然此皆莊子有意爲文處。

南伯子葵問乎女偊曰：「子之年長矣，而色若孺子，何也？」曰：「吾聞道矣。」南伯子葵曰：「道可得學耶？」曰：「惡，惡可？子非其人也。夫卜梁倚有聖人之才而無聖人之道，我有聖人之道而無聖人之才，吾欲以教之，庶幾其果爲聖人乎。不然，以聖人之道告聖人之才，亦易矣。吾猶守而告之，三日而後能外天下。已外天下矣，吾又守之，七日而後能外物。已外物矣，吾又守之，九日而後能外生。已外生矣，而後能朝徹。朝徹而後能見獨，見獨而後能無古今，無古今而後能入於不死不生。殺生者不死，生生者不生。其爲物，無不將也，無不迎也；無不毀也，無不成也。其名爲攖寧。攖寧也者，攖而後成者也。」南伯子葵曰：「子獨惡乎聞之？」曰：「聞諸副墨之子，結奇甚。副墨之子聞諸洛誦之孫，洛誦之孫聞之瞻明，瞻明聞之聶許，聶許聞之需役，需役聞之於謳，於謳聞之玄冥，玄冥聞之參寥，參寥聞之疑始。」

子祀篇

批：此篇短體，而文奇甚。

子祀、子輿、子犂、子來四人相與語曰：「孰能以無爲首，起□。以生爲脊，以死爲尻，孰知死生存亡之一體者，吾與之友矣。」四人相視而笑，莫逆於心，遂相與爲友。俄而子輿有病，子祀往問之。以下二事皆明死生一體。曰：「偉哉，夫造物者將以余爲此拘拘也。」序事奇。曲僂發背，上有五管，頤隱於齊，肩高於頂，句贅指天，陰陽之氣有沴，其心閒而無事，跰𨇤而鑑于井，曰：「嗟乎，夫造物者又將以余爲此拘拘也。」子祀曰：「女惡之乎？」

曰：「亡，余何惡？浸假而化余之左臂以爲雞，奇。余因以求時夜。浸假而化余之右臂以爲彈，余因以求鴞炙。浸假而化余之尻以爲輪，以神爲馬，余因而乘之，豈更駕哉？且夫得者，時也；失者，順也。安時而處順，哀樂不能入也。此古之所謂縣解也，而不能自解者，物有結之。且夫物不勝天久矣，吾又何惡焉？」俄而子來有病，喘喘然將死，其妻子環而泣之。犁往問之，曰：「叱。避，無怛化。」下字太奇。倚其户與之語曰：「偉哉造化，又將奚以汝爲，將奚以汝適？以汝爲鼠肝乎？奇。以汝爲蟲臂乎？」子來曰：「父母於子，東西南北，唯命之從。陰陽於人，不翅於父母。彼近吾死而我不聽，則捍矣，彼何罪焉？夫大塊載我以形，勞我以生，佚我以老，息我以死。故善吾生者，乃所以善吾死也。今大冶鑄金，金踴躍曰『我且必爲鏌鋣』，大冶必以爲不祥之金。今一犯人之形，而曰『人耳人耳』，夫造化者必以爲不祥之人。今一以天地爲大鑪，以造化爲大冶，惡乎往而不可哉。」成然寐，蘧然覺。如此結得更奇。

神巫篇

批：此三換體，而文字簡嚴中有奇鋒。

鄭有神巫曰季咸，知人之死生存亡，禍福壽夭，期以歲月旬日，若神。鄭人見之，皆棄而走。列子見之而心醉，歸以告壺子，曰：「始吾以夫子之道爲至矣，則又有至焉者矣。」壺子曰：「吾與汝既其文，未既其實，而固得道與？衆雌而無雄，而又奚卵焉？而以道與世亢，必信，夫故使人得而相汝。嘗試與來，以予示之。」明日，列子與之見壺子。出而謂列子曰：「嘻。子之先生死矣，弗活矣，不以旬數矣。吾見怪焉，見濕灰焉。」列子入，泣涕沾襟以告壺子。壺子曰：「嚮吾示之以地文，萌乎不震不正。是殆見吾杜德機也。嘗又與來。」明日，又與之見壺子。出而謂列子曰：「幸矣，子之先生遇我也。有瘳矣，全然有生矣。吾見其杜權矣。」列子入，以告壺子。壺子曰：「鄉吾示之以天壤，名實不入，而機發於踵。是殆見吾善者機也。嘗又與來。」明日，又與之見壺子。出而謂列子曰：「子之先生不齊，吾無得而相焉。試齊，且復相之。」列子入，以告壺子。壺子曰：「吾鄉示以太沖莫勝。是殆見吾衡氣機也〔一〕。鯢桓之審爲淵，止水之審爲淵，流水之審爲淵。淵有九名，此處三焉。嘗又與來。」明日，又與之見壺子。立未定，自失而走。壺子曰：「追之。」列子追之不及，反以報壺子，曰：「已滅矣，已失矣，吾弗及已。」壺子曰：

〔一〕「殆」，原作「始」，據《道藏》成疏本卷九改。

「向吾示之以未始出吾宗。吾與之虛而委蛇，不知其誰何，因以爲茅靡，因以爲波流，故逃也。」然後列子自以爲未始學而歸，三年不出，爲其妻爨，食豕如食人，於事無與親，彫琢復朴，塊然獨以其形立。應三淵。紛而封哉，一以是終。

駢拇篇

批：此篇直敷衍體。韓昌黎《原道》模此，讀者自得之。

駢拇枝指，出乎性哉，而侈於德；一篇主宰。附贅縣疣，出乎形哉，而侈於性。多方乎仁義而用之者，列於五藏哉，而非道德之正也。是故駢於足者，連無用之肉也；枝於手者，樹無用之指也。多方駢枝於五藏之情者，淫僻於仁義之行，而多方於聰明之用也。是故駢於明者，亂五色，淫文章，青黃黼黻之煌煌非乎？而離朱是已。多於聰者，亂五聲，淫六律，金石絲竹黃鍾大呂之聲非乎？而師曠是已。枝於仁者，擢德塞性以收名聲，使天下簧鼓以奉不及之法非乎？而曾、史是已。駢於辯者，纍瓦結繩竄句，遊心於堅白同異之間，而敝跬譽無用之言非乎？而楊、墨是已。故此皆多駢旁枝之道，非天下之至正也。彼正正者，不失其性命之情。故合者不爲駢，而枝者不爲跂；長者不爲有餘，短者不爲不足。是故鳧脛雖短，續之則憂。鶴脛雖長，斷之則悲。故性長非所斷，性短非所續，無所去憂也。意仁義其非人情乎？彼仁義何其多憂也？且夫駢於拇者，決之則泣；枝於手者，齕之則啼。二者或有餘於數，或不足於數，其於憂一也。今世之仁人，蒿目而憂世之患；不仁之人，決性命之情而饕貴富。故意仁義其非人情乎。自三代以下者，天下何其囂囂也。且夫待鉤繩規矩而正者，是削其性也；待繩約膠漆而固者，是侵其德也；屈折禮樂，呴俞仁義，以慰天下之心者，此失其常然也。天下有常然。常然者，曲者不以鉤，直者不以繩，圓者不以規，方者不以矩，附離不以膠漆，約束不以纆索。故天下誘然皆生而不知其所以生，同焉皆得而不知其所以得。故古今不二，不可虧也。則仁義又奚連連如膠漆纆索而遊乎道德之間爲哉？使天下惑矣。夫小惑易方，大惑易性。何以知其然邪？自虞氏招仁義以撓天下也，天下莫不奔命於仁義，是非以仁義易其性與？故嘗試論之，自三代以下者，天下莫不以物易其性矣。小人則以身殉利，士則以身殉名，大夫則以身殉家，聖人則以身殉天下。故此數子者，事業不同，名聲異號，其於傷性以身爲殉，一也。臧與穀，入二事起波。二人相與牧羊而俱亡其羊。問臧奚事，則挾筴讀書。問穀奚事，則博塞以遊。二人者，事業不同，其於亡羊均也。伯夷死名於首陽之下，盜跖死利於東陵之上。二人者，所死不同，其於殘生傷性均也，奚必伯夷之是而盜跖之非乎？天下盡殉也。彼其所殉仁義也，則俗謂之君子；其所殉貨財也，則俗謂之小人。其殉一也，則有君子焉，有小人焉。若其殘生損性，則盜跖亦伯夷已，又惡取君子小人於其間哉？且夫屬其性乎仁義者，翻應前。雖通如曾、史，非吾所謂臧也。屬其性於五味，雖通如俞兒，非吾所謂臧也。屬其性乎五聲，雖通如師曠，非吾所謂聰也。屬其性乎五色，雖通如離朱，非吾所謂明也。吾所謂臧，非仁義之謂也，臧於其德而已矣。吾所謂臧者，非所謂仁義之謂也，任其性命之情而已矣。吾所謂聰者，非謂其聞彼也，自聞而已矣。吾所謂明者，非謂其見彼也，自見而已矣。夫不自見而見彼，不自得而得彼者，是得人之得而不自得其得者也，適人之適而不自適其適者也。夫適人之適而不自適其適，雖盜跖與伯夷，是同爲淫僻也。余愧乎道德，是以上不敢爲仁義之操，而下不敢爲淫僻之行也。

馬蹄篇

批：此篇直敘體，中分三節。

馬，蹄可以踐霜雪，毛可以禦風寒，齕草飲水，翹足而陸，此馬之真性也。雖有義臺路寢，無所用之。及至伯樂，曰：「我善治馬。」燒之剔之，刻之雒之，連之以羈馽，編之以皁棧，馬之死者十二三矣。饑之渴之，馳之驟之，整之齊之，前有橛飾之患，而後有鞭筴之威，而馬之死者已過半矣。陶者曰：「我善治埴，圓者中規，方者中矩。」匠人曰：「我善治木，曲者中鉤，直者應繩。」夫埴木之性，豈欲中規矩鉤繩哉？然且世世稱之曰「伯樂善治馬而陶匠善治埴木」，此亦治天下者之過也。吾意善治天下者不然。彼民有常性，織而衣，耕而食，是謂同德。一而不黨，命曰天放。故至德之世，其行填填，其視顛顛。當是時也，山無蹊隧，澤無舟梁；萬物群生，連屬其鄉，禽獸成群，草木遂長。是故禽獸可係羈而遊，烏鵲之巢可攀援而闚。夫至德之世，同與禽獸居，族與萬物並，惡乎知君子小人哉？同乎無知，其德不離；同乎無欲，是謂素樸。素樸而民性得矣。及至聖人，蹩躠爲仁，踶跂爲義，而天下始疑矣；澶漫爲樂，摘僻爲禮，而天下始分矣。故純樸不殘，孰爲犧樽？白玉不毁，孰爲珪璋？道德不廢，安取仁義？性情不離，安用禮樂？五色不亂，孰爲文采？五聲不亂，孰應六律？夫殘樸以爲器，工匠之罪也；毁道德以爲仁義，聖人之過也。夫馬，復用馬不妨。陸居則食草飲水，喜則交頸相靡，怒則分背相踶。馬知已此矣。夫加之以衡扼，齊之以月題，而馬知介倪闉扼鷙曼詭銜竊轡。故馬之知而能至盜者，伯樂之罪也。夫赫胥氏之時，民居不知所爲，行不知所之，含哺而熙，鼓腹而遊，民能已此矣。及至聖人，屈折禮樂以匡天下之形，縣跂仁義以慰天下之心，而民乃始踶跂好知，爭歸於利，不可止也。此亦聖人之過也。

胠篋篇

批：此篇直敘中間排比體。大約以盜形容聖人而末言去知，所以去盜論甚不經。然文氣雄渾，淘瀉可法。

將爲胠篋探囊發匱之盜而爲守備，一篇主宰。則必攝緘縢，固扃鐍，此世俗之所謂知也。然而巨盜至，含下起案。則負匱揭篋擔囊而趨，唯恐緘縢扃鐍之不固也。然則向之所謂知者，含下伏案。不乃爲大盜積者也？故嘗試論之，世俗所謂知者，有不爲大盜積者乎？所謂聖者，有不爲大盜守者乎？何以知其然邪？下去緩。昔者齊國鄰邑相望，雞狗之音相聞，罔罟之所布，耒耨之所刺，方二千餘里。闔四竟之内，所以立宗廟社稷，治邑屋州閭鄉曲者，曷嘗不法聖人哉？推開緩而接下急，東坡得《莊子》此處最多。然而田成子一旦殺齊君而盜其國。所盜者豈獨其國邪？并與其聖智之法而盜之。故田成子有乎盜賊之名，而身處堯舜之安。小國不敢非，大國不敢誅，十二世有齊國。則是不乃竊齊國，并與其聖知之法以守其盜賊之身乎？

嘗試論之，世俗之所謂至知者，有不爲大盜積者乎？所謂至聖者，有不爲大盜守者乎？何以知其然邪？昔者龍逢斬，比干剖，萇弘胣，子胥靡，故四子之賢而身不免乎戮。故跖之徒問於跖曰：「盜亦有道乎？」跖曰：「何適而無有道邪？夫妄意室中之藏，聖也；入先，勇也；出後，義也；知可否，知也；分均，仁也。五者不備而能成大道者，天下未之有也。」由是觀之，善人不得聖人之道不立，跖不得聖人之道不行。天下之善人少而不善人多，則聖人之利天下也少而害天下也多。故曰，脣竭則齒寒，魯酒薄而邯鄲圍，聖人生而大盜起。冷語老杜得之。掊擊聖人，縱舍盜賊，而天下始治矣。夫川竭而谷虛，丘夷而淵實。聖人已死，則大盜不起，天下平而無故矣。聖人不死，大盜不止。雖重聖人而治天下，則是重利盜跖也。爲之斗斛以量之，則并與斗斛而竊之；爲之權衡以稱之，則并與權衡而竊之；爲之符璽以信之，則并與符璽而竊之；爲之仁義以矯之，則并與仁義而竊之。何以知其然邪？彼竊鉤者誅，竊國者爲諸侯，諸侯之門而仁義存焉，則是非竊仁義聖知邪？故逐於大盜，揭諸侯，竊仁義并斗斛權衡符璽之利者，雖有軒冕之賞弗能勸，斧鉞之威弗能禁。此重利盜跖而使不可禁者，是乃聖人之過也。故曰：「魚不可脱於淵，國之利器不可以示人。」彼聖人者，天下之利器也，非所以明天下也。故絶聖棄知，大盜乃止；擿玉毁珠，小盜不起；焚符破璽，而民朴鄙；掊斗折衡，而民不爭；殫殘天下之聖法，而民始可與論議。擢亂六律，鑠絶竽瑟，塞瞽曠之耳〔一〕，而天下始人含其聰矣。滅文章，散五采，膠離朱之目，而天下始人含其明矣。毀絶鉤繩而棄規矩，攦工倕之指，而天下始人有其巧矣。故曰：「大巧若拙。」削曾、史之行，鉗楊、墨之口，攘棄仁義，而天下之德始玄同矣；彼人含其明，則天下不鑠矣；人含其聰，則天下不累矣；人含其知，則天下不惑矣；人含其德，則天下不僻矣。彼曾、史、楊、墨、師曠、工倕、離朱者，皆外立其德而以爚亂天下者也，法之所無用也。或有此處斷者，看文勢還是一篇。大抵上言盜而以下言知，聖以知立，而盜以知竊，去知便是去聖與盜。子獨不知至德之世乎？昔者容成氏、大庭氏、伯皇氏、中央氏、栗陸氏、驪畜氏、軒轅氏、赫胥氏、尊盧氏、祝融氏、伏羲氏、神農氏，當是時也，民結繩而用之，甘其食，美其服，樂其俗，安其居，鄰國相望，雞狗之音相聞，民至老死而不相往來。若此之時，則至治已。今遂至使民延頸舉踵曰「某所有賢者」，贏糧而趣之，則内棄其親而外去其主之事，足跡接乎諸侯之境，車軌結乎千里之外。則是上好知之過也。上誠好知而無道，則天下大亂矣。何以知其然邪？夫弓弩畢弋機變之知多，指知處。則鳥亂於上矣；鉤餌網罟罾笱之知多，則魚亂於水矣；削格羅落罝罘之知多，則

〔一〕「瞽」，原作「聲」，據《道藏》成疏本卷一二改。

獸亂於澤矣；知詐漸毒頡滑堅白解垢同異之變多，則俗惑於辯矣。故天下每每大亂，罪在於好知。故天下皆知求其所不知而莫知求其所已知者，皆知非其所不善而莫知非其所已善者，是以大亂。故上悖日月之明，下爍山川之精，中墮四時之施。喘耎之蟲，肖翹之物，莫不失其性。甚矣夫好知之亂天下也。自三代以下者是已，舍夫種種之民而悅夫役役之佞，釋夫恬淡無爲而悅夫啍啍之意，啍啍已亂天下矣。

崔瞿篇

批：此篇直敘體。大抵與《在宥》等篇意同，而此篇文尤奇。

崔瞿問於老聃曰：「不治天下，安臧人心？」老聃曰：「汝慎無攖人心。人心排下而進上，形容人心入微，非莊子不能及此。上下囚殺，淖約柔乎剛强。廉劌彫琢，其熱焦火，其寒凝冰。其疾俛仰之間而再撫四海之外，其居也淵而靜，其動也縣而天。僨驕而不可係者，其唯人心乎？昔者黄帝始以仁義攖人之心，堯舜於是乎股無胈，脛無毛，以養天下之形，愁其五藏以爲仁義，矜其血氣以規法度。然猶有不勝也，下一等。堯於是放讙兜於崇山，投三苗於三峗，流共工於幽都，此不勝天下也。夫施及三王而天下大駭矣。又下一等。下有桀、跖，上有曾、史，而儒墨畢起。於是乎喜怒相疑，愚知相欺，善否相非，誕信相譏，而天下衰矣；大德不同，而性命爛漫矣；天下好知，而百姓求竭矣。於是乎釿鋸制焉，繩墨殺焉，椎鑿決焉。天下脊脊大亂，罪在攖人心。總結上文，奇。故賢者伏處大山嵁巖之下，而萬乘之君憂慄乎廟堂之上。今世殊死者相枕也，桁楊者相推也，刑戮者相望也，而儒墨乃始離跂攘臂乎桎梏之間。意，甚矣哉，其無愧而不知耻也甚矣。吾未知聖知之不爲桁楊椄槢也，仁義之不爲桎梏鑿枘也，焉知曾、史之不爲桀、跖嚆矢也？故曰『絶聖棄知而天下大治』。」

在宥篇

聞在宥天下，不聞治天下也。在之也者，恐天下之淫其性也；宥之也者，恐天下之遷其德也。天下不淫其性，不遷其德，有治天下者哉？昔堯之治天下也，使天下欣欣焉人樂其性，是不恬也。桀之治天下也，使天下瘁瘁焉人苦其性，是不愉也。夫不恬不愉，非德也。非德也而可以長久者，天下無之。人大喜邪，毗於陽；大怒邪，毗於陰。陰陽並毗，四時不至，寒暑之和不成，其反傷人之形乎。使人喜怒失位，居處無常，思慮不自得，中道不成章，於是乎天下始喬詰卓鷙，而後有盜跖、曾、史之行。故舉天下以賞其善者不足，舉天下以罰其惡者不給，故天下之大不足以賞罰。自三代以下者，匈匈焉終以賞罰爲事，彼何暇安其性命之情哉？而且悦明邪，是淫於色也；悦聰邪，是淫於聲也；悦仁耶，是亂於德也；悦義耶，是悖於理也；悦禮耶，是相於技也；悦樂耶，是相於淫也；悦聖耶，是相於藝也；悦知耶，是相於疵也〔一〕。天下將安其性命之情，之八者，存可也，亡可也。天下將不安其性命之情，之八者，乃始臠卷愴囊而亂天下也。而天下乃始尊之惜之。甚矣，天下之惑也。豈直過也而去之邪？乃齊戒以言之，跪坐以進之，鼓歌以儛之，吾若是何哉。故君子不得已而臨莅天下，莫若無爲。無爲也而後安其性命之情。故貴以身於爲天下，則可以托天下；愛以身於爲天下，則可以寄天下。故君子苟能無解其五藏，無擢其聰明，尸居而龍見，淵默而雷聲，神動而天隨，從容無爲而萬物炊累焉。吾又何暇治天下哉。

〔一〕「疵」，原作「庇」，據《道藏》成疏本卷一三改。

赤張篇

批：此篇亦直敘體，而波洑隱起，甚奇。

門無鬼與赤張滿稽觀於武王之師。赤張滿稽曰：「不及有虞氏乎，故離此患也。」門無鬼曰：「天下均治而有虞氏治之邪？其亂而後治之與？」赤張滿稽曰：「天下均治之爲願，而何計以有虞氏爲？奇句。有虞氏之藥瘍也，禿而施髢，病而求醫。孝子操藥以脩慈父，其色燋然，聖人羞之。至德之世，不尚賢，不使能。上如標枝，民如野鹿。端正而不知以爲義，相愛而不知以爲仁，實而不知以爲忠，當而不知以爲信，蠢動而相使，不以爲賜。是故行而無迹，事而無傳。」孝子不諛其親，忠臣不諂其君，臣子之盛也。親之所言而然，所行而善，則世俗謂之不肖子。君之所言而然，所行而善，則世俗謂之不肖臣。而未知此其必然邪？世俗之所謂然而然之，所謂善而善之，則不謂之導諛之人也。然則俗故嚴於親而尊於君邪？謂己導人，則勃然作色；謂己諛人，則怫然作色。曲盡人情。而終身導人也，終身諛人也，合譬飾辭聚衆也，是終始本末不相坐。垂衣裳，設采色，動容貌，以媚一世，而不自謂導諛，與夫人之爲徒，通是非，而不自謂衆人，愚之至也。知其愚者，非大愚也；知其惑者，非大惑也。大惑者，終身不解；大愚者，終身不靈。三人行而一人惑，所適者猶可致也，惑者少也；二人惑則勞而不至，惑者勝也。而今也以天下惑，予雖有祈嚮，不可得也。不亦悲乎。大聲不入於里耳，《折揚》、《皇華》，則嗑然而笑。是故高言不止於衆人之心，至言不出，俗言勝也。以二缶鍾惑，而所適不得矣。而今也以天下惑，余雖有祈嚮，其庸可得邪？知其不可得也而强之，又一惑也，故莫若釋之而不推。不推，誰其比憂？厲之人夜半生子，遽取火而視之，汲汲然唯恐其似己也。百年之木，破爲犧樽，青黄而文之，其斷在溝中。比犧樽於溝中之斷，則美惡有間矣，其於失性一也。跖與曾、史，行義有間矣，然其失性均也。且夫失性有五：一曰五色亂目，使目不明；二曰五聲亂耳，使耳不聰；三曰五臭薰鼻，因惾中顙；四曰五味濁口，使口厲爽；五曰趣舍滑心，使性飛揚。此五者，皆生之害也。而揚墨乃始離跂自以爲得，非吾所謂得也。夫得者困，可以爲得乎？則鳩鴞之在於籠也，亦可以爲得矣。且夫趣舍聲色以柴其內，皮弁鷸冠搢笏紳脩以約其外，内支盈於柴柵，外重纆繳，睆睆然在纆繳之中而自以爲得，則是罪人交臂歷指而虎豹在於囊檻，亦可以爲得矣。

子貢篇

批：首尾序事似列傳。

子貢南遊於楚，反於晉，過漢陰，見一丈人方將爲圃畦，鑿隧而入井，抱甕而出灌，搰搰然用力甚多而見功寡。子貢曰：「有械於此，一日浸百畦，用力甚寡而見功多，夫子不欲乎？」爲圃者仰而視之曰：「奈何？」曰：「鑿木爲機，後重前輕，挈水若抽，數如泆湯，其名爲槔。」爲圃者忿然作色而笑曰：「吾聞之吾師，有機械者必有機事，有機事者必有機心。精語。機心存於胸中，則純白不備；純白不備，則神生不定；神生不定者，道之所不載也。吾非不知，羞而不爲也。」子貢瞞然慙，俯而不對。有間，爲圃者曰：「子奚爲者邪？」曰：「孔丘之徒也。」爲圃者曰：「子非夫博學以擬聖，於于以蓋衆，獨弦哀歌以賣名聲於天下者乎？汝方將忘汝神氣，墮汝形骸，而庶幾乎。而身之不能治，而何暇治天下乎？子往矣，無乏吾事。」子貢卑陬失色，頊頊然不自得，行三十里而後愈。其弟子曰：「向之人何爲者邪？夫子何故見之變容失色，終日不自反邪？」曰：「始吾以爲天下一人耳，不知復有夫人也。吾聞之夫子，事求可，功求成，用力少，見功多者，聖人之道。

今徒不然。執道者德全，德全者形全，形全者神全。神全者，聖人之道也。託生與民並行而不知其所之，汒乎淳備哉。功利機巧必亡夫人之心。若夫人者，非其志不之，非其心不爲。雖以天下譽之，得其所謂，謷然不顧；以天下非之，失其所謂，儻然不受。天下之非譽，無益損焉，是謂全德之人哉。我之謂風波之民。」反於魯，以告孔子。孔子曰：「彼假脩渾沌氏之術者也。識其一，不知其二；治其内，而不治其外。夫明白入素，無爲復朴，體性抱神，以遊世俗之間者，汝將固驚耶？且渾沌氏之術，予與汝何足以識之哉。」

化均篇

天地雖大，其化均也；萬物雖多，其治一也；人卒雖衆，其主君也。君原於德而成於天，故曰玄古之君天下，無爲也，天德而已矣。以道觀言而天下之君正，以道觀分而君臣之義明，以道觀能而天下之官治，以道汎觀而萬物之應備。故通於天地者，德也；行於萬物者，道也；上治人者，事也；能有所藝者，技也。技兼於事，事兼於義，義兼於德，德兼於天。故曰古之畜天下者，無欲而天下足，無爲而萬物化，淵靜而百姓定。記曰：「通於一而萬事畢，無心得而鬼神服。」夫子曰：「夫道，覆載萬物者也，洋洋乎大哉。君子不可以不刳心焉。無爲爲之之謂天，無爲言之之謂德，愛人利物之謂仁，不同同之之謂大，行不崖異之謂寬，有萬不同之謂富。故執德之謂紀，德成之謂立，循於道之謂備，不以物挫志之謂完。君子明於此十者，則韜乎其事心之大也，沛乎其爲萬物逝也。若然者，藏金於山，藏珠於淵，不利貨財，不近富貴；不樂壽，不哀夭；不榮通，不醜窮；不拘一世之利以爲己私分，不以王天下爲己處顯。顯則明，萬物一府，死生同狀。」夫子曰：「夫道，淵乎其居也，漻乎其清也。金石不得，無以鳴。故金石有聲，不考不鳴。萬物孰能定之？夫王德之人，素逝而恥通於事，立之本原而知通於神。故其德廣，其心之出，有物採之。故形非道不生，生非德不明。存形窮生，立德明道，非王德者邪？蕩蕩乎，忽然出，勃然動，而萬物從之乎。此謂王德之人。視乎冥冥，聽乎無聲。冥冥之中，獨見曉焉；無聲之中，獨聞和焉。故深之又深而能物焉，神之又神而能精焉。故其與萬物接也，至無而供其求，時騁而要其宿，大小，長短，脩遠。」

黄帝篇

批：此篇直答問體。三節分明，但四字为句，文奇意玄，另是一格。莊子其猶

龍乎？

北門成問於黃帝曰：「帝張《咸池》之樂於洞庭之野，三柱起。吾始聞之懼，復聞之怠，卒聞之而惑。蕩蕩默默，乃不自得。」帝曰：「汝殆其然哉。吾奏之以人，徵之以天，行之以禮義，建之以太清。夫至樂者，先應之以人事，順之以天理，行之以五德，應之以自然，然後調理四時，太和萬物。四字句妙。四時迭起，萬物循生。一盛一衰，文武綸經。一清一濁，陰陽調和，流光其聲。蟄蟲始作，吾驚之以雷霆。其卒無尾，其始無首。一死一生，一僨一起。所常無窮，而一不可待。汝故懼也。吾又奏之以陰陽之和，燭之以日月之明。其聲能短能長，妙。能柔能剛。變化齊一，不主故常。在谷滿谷，在阬滿阬。塗郤守神，以物爲量。其聲揮綽，其名高明。音萌。是故鬼神守其幽，日月星辰行其紀。吾止之於有窮，流之於無止。子欲慮之而不能知也，望之而不能見也，逐之而不能及也。儻然立於四虛之道，倚於槁梧而吟。目知窮乎所欲見，力屈乎所欲逐，吾既不及已矣。形充空虛，乃至委蛇。汝委蛇，故怠。吾又奏之以無怠之聲，調之以自然之命，故若混逐叢生，妙，分明有意爲文。林樂而無形。布揮而不曳，幽昏而無聲。動於無方，居於窈冥。或謂之死，或謂之生；或謂之實，或謂之榮。行流散徙，不主常聲。世疑之，稽於聖人。聖人也者，達於情而遂於命也。天機不張而五官皆備，此之謂天樂，無言而心悅。故有焱音衍。氏爲之頌曰：『聽之不聞其聲，視之不見其形，充滿天地，苞裹六極。』汝欲聽之而無接焉，而故惑也。樂也者，三柱結。始於懼，懼故祟；吾又次之以怠，怠故遁；卒之於惑，惑故愚；愚故道，道可載而與之俱也。

師金篇

批：此篇攻擊體。一篇中六譬而渾純無痕迹，無起伏，且譬中常事而文語精奇不倫，真造化手，妙妙。

孔子西遊於衛。顏淵問師金曰：「以夫子之行爲奚如？」師金曰：「惜乎，而夫子之窮哉。」顏淵曰：「何也？」師金曰：「夫芻狗之未陳也，一譬。盛以篋衍，巾以文繡，尸祝齋戒以將之。及其已陳也，行者踐其首脊，蘇者取而爨之而已。將復取而盛以篋衍，巾以文繡，遊居寢卧其下，彼不得夢，必且數眯焉。今而夫子，亦取先王已陳芻狗，取弟子遊居寢卧其下。故伐樹於宋，削迹於衛，窮於商周，是非其夢邪？圍於陳蔡之間，七日不火食，死生相與鄰，是非其眯耶？夫水行莫如用舟，而陸行莫如用車。二譬。以舟之可行於水也而求推之於陸，則没世不行尋常。古今非水陸與？周魯非舟車與？今蘄行周於魯，是猶推舟於陸也，勞而無功，身必有殃。彼未知夫無方之傳，應物而不窮者也。且子獨不見夫桔槔者乎？三譬。引之則俯，舍之則仰。彼，人之所引，非引人也，故俯仰而不得罪於人。故夫三皇五帝之禮義法度不矜於同而矜於治，故譬三皇五帝之禮義法度，其猶柤梨橘柚邪，四譬。其味相反而皆可於口。故禮義法度者，應時而變者也。今取猨狙而衣以周公之服，五譬。彼必齕齧挽裂，盡去而後慊。觀古今之異，猶猨狙之異乎周公也。故西施病心而矉其里，六譬。其里之醜人見而美之，歸亦捧心而矉其里。其里之富人見之，堅閉門而不出；貧人見之，挈妻子而去之走。彼知美矉而不知矉之所以美。惜乎，而夫子其窮哉。」結。

成綺篇

批：此篇答問體。三節文勢精鍊奇特。

士成綺見老子而問曰：「吾聞夫子聖人也，吾固不辭遠道而來願見，百舍重趼而不敢息。今吾觀子，非聖人也。鼠壤有餘蔬而棄妹，不仁也。生熟不盡於前，而積斂無崖。」老子漠然不應。士成綺明日復見，曰：「昔者吾有刺於子，今吾心正卻矣，何故也？」老子曰：「夫巧知神聖之人，吾自以爲脱焉。昔者子呼我牛也而謂之牛，奇。呼我馬也而謂之馬。苟有其實，人與之名而弗受，再受其殃。吾服也恒服，吾非以服有服。」即「非曰善故靜也」之意。士成綺鴈行避影，履行遂進而問：「脩身若何？」老子曰：「而容崖然，而目衝然，而顙頯然，而口闞然，而狀義然，只一「英發」二字而粧出許多景象，此所以爲造化之筆。似繫馬而止也。動而持，發也機，察而審，知巧而覩於泰，凡以爲不信。邊境有人焉，其名爲竊。」夫子曰：「夫道，於大不終，於小不遺，故萬物備。廣廣乎其無不容也，淵乎其不可測也。形德仁義，神之末也，非至人孰能定之？夫至人有世，不亦大乎，而不足以爲之累。天下奮㨫而不與之偕，審乎無假而不與利遷，極物之真，能守其本，故外天地，遺萬物，而神未嘗有所困也。通乎道，合乎德，退仁義，賓禮樂，至人之心有所定矣。」世之所貴道者書也，書不過語，語有貴也。語之所貴者意也，意有所隨。意之所隨者，不可以言傳也，而世因貴言傳書。世雖貴之哉，猶不足貴也，爲其貴非其貴也。故視而可見者，形與色也；聽而可聞者，名與聲也。到此只説名聲不可見，暗點士成綺所疑之非。悲夫，世人以形色名聲爲足以得彼之情。夫形色名聲果不足以得彼之情，則知者不言，言者不知，而世豈識之哉？

輪扁篇

批：此篇暗藏不盡説。

桓公讀書於堂上，輪扁斲輪於堂下，釋椎鑿而上，問桓公曰：「敢問公之所讀者何言邪？」公曰：「聖人之言也。」曰：「聖人在乎？」公曰：「已死矣。」曰：「然則君之所讀者，古人之糟魄已夫。」桓公曰：「寡人讀書，輪人安得議乎。有説則可，無説則死。」輪扁曰：「臣也以臣之事觀之。斲輪，徐則甘而不固，疾則苦而不入。不徐不疾，得之於手而應於心，口不能言，有數存於其間。臣不能以喻臣之子，臣之子亦不能受之於臣，是以行年七十而老斲輪。古之人與其不可傳也死矣，然則君之所讀者，古人之糟魄已夫。」

天運篇

批：止數句而峰巒奇崛若萬狀，非莊子不能。

「天其運乎？地其處乎？日月其爭於所乎？突起問目，又是一奇。孰主張是？孰維綱是？孰居無事推而行是？意者其有機緘而不得已邪？意者其運轉而不能自止邪？雲者爲雨乎？雨者爲雲乎？孰隆施是？孰居無事淫樂而勸是？風起北方，一西一東，有上彷徨，孰噓吸是？孰居無事而披拂是？敢問何故？」巫咸祒曰：「來，吾語汝。天有六極五常，帝王順之則治，逆之則凶。九洛之事，治成德備，監照下土，天下載之，此謂上皇。」答意只一「順」字，便見造化都不。

雲將篇

雲將東遊，過扶搖之枝而適遭鴻蒙。鴻蒙方將拊髀爵躍而游。雲將見之，儻然止，贄然立，曰：「叟何人邪？叟何爲此？」鴻蒙拊髀爵躍不輟，對雲將曰：「游。」雲將曰：「朕願有問也。」鴻蒙仰而視雲將曰：「吁。」雲將曰：「天氣不和，地氣鬱結，六氣不調，四時不節。今我願合六氣之精以育群生，爲之奈何？」鴻蒙拊髀爵躍掉頭曰：「吾弗知，吾弗知。」雲將不得問。又三年，東游，過有宋之野而適遭鴻蒙。雲將大喜，行趨而進曰：「天忘朕邪？天忘朕邪？」再拜稽首，願問於鴻蒙。鴻蒙曰：「浮游不知所求，猖狂不知所往。游者鞅掌，以觀無妄。朕又何知？」

南華經别編卷之下

臨海王宗沐編

河伯篇

批：此篇問答體，一節深一節。《莊子》一部，惟此篇深言之，禪書萬卷，曾不出此。其平生命脉，細究便見。至於文字奇特淵玄，尤須此老之筆。

秋水時至，百川灌河，涇流之大，兩涘渚涯之間，不辨牛馬。於是焉河伯欣然自喜，以天下之美爲盡在己。順流而東行，至於北海，東面而視，不見水端，於是焉河伯始旋其面目，望洋向若而歎曰：「野語有之曰：『聞道百以爲莫己若者。』我之謂也。且夫我嘗聞少仲尼之聞而輕伯夷之義者，始吾弗信。今我睹子之難窮也，吾非至於子之門則殆矣，吾長見笑於大方之家。」北海若曰：「井蛙不可以語於海者，拘於虚也；夏蟲不可以語於冰者，篤於時也；曲士不可以語於道者，束於教也。今爾出於涯涘，觀於大海，乃知爾醜，爾將可與語大理矣。天下之水，莫大於海，萬川歸之，不知何時止而不盈；尾閭泄之，不知何時已而不虛；春秋不變，水旱不知。此其過江河之流，不可爲量數。而吾未嘗以此自多者，自以比形於天地而受氣於陰陽，吾在天地之間，猶小石小木之在大山也，方存乎見少，又奚以自多？透徹。計四海之在天地之間也，不似礨空之在大澤乎？計中國之在海內，不似稊米之在太倉乎？號物之數謂之萬，人處一焉。句工。人卒九州，穀食之所生，舟車之所通，人處一焉。此其比萬物也，不似豪末之在於馬體乎？五帝之所連，三王之所爭，仁人之所憂，任士之所勞，盡此矣。伯夷辭之以爲名，仲尼語之以爲博，此其自多也，不似爾向之自多於水乎？」河伯曰：「然則吾大天地而小豪末，可乎？」此一轉。北海若曰：「否。夫物，量無窮，時無止，分無常，終始無故。是故大知觀於遠近，故小而不寡，大而不多，知量無窮。證曏今故，故遥而不悶，掇而不跂，知時無止。察乎盈虛，故得而不喜，失而不憂，知分之無常也。明乎坦塗，故生而不悦，死而不禍，知終始之不可故也。計人之所知，不若其所不知；其生之時，不若未生之時。佛宗。以其至小求窮其至大之域，是故迷亂而不能自得也。由此觀之，正對。又何以知豪末之足以定至細之倪？又何以知天地之足以窮至大之域？」河伯曰：「世之議者皆曰：『至精無形，至大不可圍。』是信情乎？」二轉。北海若曰：「夫自細視大者不盡，自大視細者不明。夫精，小之微也；垺〔一〕，大之殷也，故異便。此勢之有也。夫精粗者，期於有形者也。無形者，數之所不能分也。不可圍者，數之所不能窮也。可以言論者，物之粗也。可以意致者，物之精也。言之所不能論，意之所不能察致者，不期精粗焉。是故大人之行，不出乎害人，不多仁恩；動不爲利，不賤門隸；貨財弗爭，不多辭讓；事焉不借人，不多食乎力，不賤貪污；行殊乎俗，不多辟異；爲在從衆，不賤佞諂；世之爵禄不足以爲勸，戮恥不足以爲辱；知是非之不可爲分，細大之不可爲倪。聞曰：『道人不聞，至德不得，大人無己。』約分之至也。」河伯曰：「若物之外，若物之内，惡至而倪貴賤？惡至而倪小大？」三轉，承上文貴賤來。北海若曰：「以道觀之，物無貴賤。此禪空假申。以物觀之，自貴而相賤。以俗觀之，貴賤不在己。三觀入微處，詞理兩絶。以差觀之，因其所大而大之，則萬物莫不大；因其所小而小之，則萬物莫不小。知天地之爲稊米也，知毫末之爲丘山也，則差數覩矣。以功觀之，因其所有而有之，則萬物莫不有；因其所無而無之，則萬物莫不無。知東西之相反而不可以相無，則功分定矣。以趣觀之，因其所然而然之，則萬物莫不然；因其所非而非之，則萬物莫不非。知堯、桀之自然而相非，則趣操覩矣。昔者堯、舜讓而帝，

〔一〕「垺」，原作「埒」，據《道藏》成疏本卷一九改。

之、噲讓而絶；湯、武爭而王，白公爭而滅。由此觀之，爭讓之禮，堯、桀之行，貴賤有時，未可以爲常也。梁麗可以衝城，而不可以窒穴，言殊器也。騏驥驊騮，一日而馳千里，捕鼠不如狸狌，言殊技也。鴟鵂夜撮蚤，察豪末，晝出瞋目而不見丘山，言殊性也。故曰，蓋師是而無非，師治而無亂乎？是未明天地之理，萬物之情者也。是猶師天而無地，師陰而無陽，其不可行明矣。然且語而不舍，非愚則誣也。帝王殊禪，三代殊繼。差其時，逆其俗者，謂之篡夫；當其時，順其俗者，謂之義之徒。默默乎河伯，汝惡知貴賤之門，大小之家？」河伯曰：「然則我何爲乎？何不爲乎？四轉，言無所依。吾辭受趣舍，吾終奈何？」北海若曰：「以道觀之，何貴何賤，此又四字句，又特奇。是謂反衍，無拘而志，與道大蹇；何少何多，是謂謝施，無一而行，與道參差。嚴乎若國之有君，其無私德；繇繇乎若祭之有社，其無私福；汎汎乎其若四方之無窮，其無所畛域。兼懷萬物，其孰承翼？是謂無方。萬物一齊，孰短孰長？道無終始，物有死生，不恃其成；一虛一滿，不位乎其形。年不可舉，時不可止；消息盈虛，終則有始。是所以語大義之方，論萬物之理也。物之生也，若驟若馳，無動而不變，無時而不移。何謂乎？何不爲乎？夫固將自化。」河伯曰：「然則何貴於道耶？」五轉，言不學。北海若曰：「知道者必達於理，達於理者必明於權，明於權者不以物害己。至德者，火弗能熱，水弗能溺，寒暑弗能害，禽獸弗能賊。非謂其薄之也，言察乎安危，寧於禍福，謹於去就，莫之能害也。故曰，天在内，人在外，德在乎天。知天人之行，本乎天，位乎得，蹢躅而屈伸，反要而語極。」曰：「何謂天？何謂人？」北海若曰：「牛馬四足，是謂天。落馬首，穿牛鼻，是謂人。故曰，無以人滅天，無以故滅命，無以得殉名。謹守而勿失，是謂反其真。」三字結。

孔子篇

批：此篇答問禮，而文甚奇。

孔子見老聃而語仁義。老聃曰：「夫播穅眯目，文奇。則天地四方易位矣；蚊寍噆膚，則通昔不寐矣。夫仁義憯然，乃憤吾心，亂莫大焉。吾子使天下無失其朴，吾子亦放風而動，揔德而立矣，又奚傑然若負建鼓而求亡子者邪？夫鵠不日浴而白，烏不日黔而黑。黑白之朴，不足以爲辨；名譽之觀，不足以爲廣。泉涸，魚相與處於陸，相呴以濕，相濡以沫，不若相忘於江湖。」孔子見老聃歸，三日不談，弟子問曰：「夫子見老聃，亦將何規哉？」孔子曰：「吾乃今於是乎見龍。龍，合而成體，散而成章，乘乎雲氣而養乎陰陽。予口張而不能嚕，予又何規老聃哉？」子貢曰：「然則人固有尸居而龍見，雷聲而淵默，發動如天地者乎？賜亦可得而觀乎？」遂以孔子聲見老聃。老聃方將倨堂而應，微曰：「予年運而往矣，子將何以戒我乎？」子貢曰：「夫三王五帝之治天下不同，其係聲名一也。而先生獨以爲非聖人，如何哉？」老聃曰：「小子少進。子何以謂不同？」對曰：「堯授舜，舜授禹，禹用力而湯用兵，文王順紂而不敢逆，武王逆紂而不肯順，故曰不同。」老聃曰：「小子少進。余語汝三皇五帝之治天下。黄帝之治天下，使民心一，民有其親死不哭而民不非也。堯之治天下，使民心親，民有爲其親殺其殺而民不非也。舜之治天下，使民心競〔一〕，民孕婦十月生子，遠語，奇。子生五月而能言，不至乎孩而始誰，則人始有夭矣。禹之治天下，使民心變，人有心而兵有順，殺盜非殺，人自爲種而天下耳，是以天下大駭，奇。儒墨皆起。其作始有倫，而今乎婦女，不必更説湯武。何言哉？余語汝，三皇五帝之治天下，名曰治之，而亂莫甚焉。三皇之知，上悖日月之明，下睽山川之精，中墮四時之施。其知憯於蠣蠆之尾〔二〕，鮮規之獸，莫得安其性命之情者，而猶自以爲聖人，不可恥乎？其無恥也。」子貢蹵蹵然立不安。

〔一〕「競」，原作「兢」，據《道藏》成疏本卷一六改。
〔二〕「蠣」，原作「蠆」，據《道藏》成疏本卷一六改。

刻意篇

批：此篇排比體。

刻意尚行，一排。離世異俗，高論怨誹，爲亢而已矣。此山谷之士，非世之人，枯槁赴淵者之所好也。語仁義忠信，恭儉推讓，爲修而已矣。此平世之士，教誨之人，遊居學者之所好也。語大功，立大名，禮君臣，正上下，爲治而已矣。此朝廷之士，尊主强國之人，致功并兼者之所好也。就藪澤，處閒曠，釣魚閒處，無爲而已矣。此江海之士，避世之人，閒暇者之所好也。吹呴呼吸，吐故納新，熊經鳥申，爲壽而已矣。此導引之士，養形之人，彭祖壽考者之所好也。

若夫不刻意而高，無仁義而脩，無功名而治，無江海而閒，不導引而壽，無不忘也，無不有也，淡然無極而衆美從之。此天地之道，聖人之德也。故曰，夫恬淡寂漠，虚無無爲，此天地之平而道德之質也。故曰，聖人休休焉則平易矣，平易則恬惔矣。平易恬惔，則憂患不能入，邪氣不能襲，故其德全而神不虧。

故曰，聖人之生也天行，其死也物化。静而與陰同德，動而與陽同波。不爲福先，不爲禍始。感而後應，迫而後動，不得已而後起。去知與故，循天之理。故無天災，無物累，無人非，無鬼責。其生若浮，其死若休。不思慮，不豫謀。光矣而不耀，信矣而不期。其寢不夢，其覺無憂。其神純粹，其魂不罷。虛無恬惔，乃合天德。故曰，悲樂者，德之邪；喜怒者，道之過；好惡者，德之失。故心不憂樂，德之至也；一排。一而不變，靜之至也；無所於忤，虛之至也；不與物交，淡之至也；無所於逆，粹之至也。故曰，形勞而不休則弊，精用而不已則勞，勞則竭。水之性，不雜則清，莫動則平，鬱閉而不流，亦不能清。天德之象也。故曰，純粹而不雜，靜一而不變，淡而無爲，動而以天行，此養神之道也。夫有干越之劍者，柙而藏之，不敢用也，寶之至也。精神四達並流，無所不極，上際於天，下蟠於地，化育萬物，不可爲象，其名爲同帝。純素之道，唯神是守，守而勿失，與神爲一，一之精通，合于天倫。野語有之曰：「衆人重利，廉士重名，賢士尚志，聖人貴精。」故素也者，謂其無所與雜也；純也者，謂其不虧其神也。能體純素，謂之真人。即重真人。

繕性篇

批：此篇散敘體。

繕性於俗，四字新奇。俗學以求復其初；滑欲於俗，思以求致其明，謂之蔽蒙之民。起。

古之治道者，以恬養知；生而無以知爲也，謂之以知養恬。知與恬交相養，而和理出其性。夫德，和也；道，理也。德無不容，仁也；道無不理，義也；義明而物親，忠也；中純實而反乎情，樂也；信行容體而順乎文，禮也。禮樂徧行，則天下亂矣。彼正而蒙己德，德則不冒，冒則物必失其性也。古之人，在混芒之中，與一世而得澹漠焉。當是時也，陰陽和靜，鬼神不擾，四時得節，萬物不傷，群生不夭，人雖有知，無所用之，此之謂至一。當是時也，莫之爲而常自然。逮德下衰，及燧人、伏羲始爲天下，是故順而不一。德又下衰，及神農黄帝始爲天下，是故安而不順。德又下衰，及唐虞始爲天下，興治化之流，澆醇散朴，離道以善，險德以行，然後去性而從於心。心與心識，知而不足以定天下，然後附之以文，益之以博。文滅質，博溺心，然後民始惑亂，無以反其性情而復其初。

由是觀之，世喪道矣，道喪世矣。世與道交相喪也，道之人何由興乎世，世亦何由興乎道哉？道無以興乎世，世無以興乎道，雖聖人不在山林之中，其德隱矣。隱，故不自隱。古之所謂隱士者，非伏其身而弗見也，非閉其言而不出也，非藏其知而不發也，時命大謬也。當時命而大行乎天下，則反一無迹；不當時命而大窮乎天下，則深根寧極而待。此存身之道也。古之存身者，不以辯飾知，不以知窮天下，不以知窮德，危然處其所而反其性已，又何爲哉？道固不小行，德固不小識。小識傷德，小行傷道。故曰，正己而已矣。樂全之謂得志。達語。古之所謂得志者，非軒冕之謂也，謂其無以益其樂而已矣。今之所謂得志者，軒冕之謂也。軒冕在身，非性命也，物之儻來，寄也。寄之，其來不可圉，其去不可止。故不爲軒冕肆志，不爲窮約趨俗〔一〕，其樂彼與此同，故無憂而已矣。今寄去則不樂，由是觀之，雖樂，未嘗不荒也。故曰，喪己於物，失性於俗者，謂之倒置之民。結。

夔蚿篇

批：此篇意濃詞簡，隱語不盡，後人學之便淺。

夔憐蚿，蚿憐蛇，蛇憐風，風憐目，目憐心。總突起，奇甚。夔謂蚿曰：「吾以一足跉踔

〔一〕「窮」，原作「躬」，據《道藏》成疏本卷一八改。

而行，予無如矣。今子之使萬足，獨奈何？」蚿曰：「不然。子不見夫唾者乎？噴則大者如珠，小者如霧，雜而下者不可勝數也。今予動吾天機，而不知其所以然。」蚿謂蛇曰：「吾以衆足行，而不及子之無足，何也？」蛇曰：「夫天機之所動，何可易邪？吾安用足哉？」蛇謂風曰：「余動吾脊脅而行，則有似也。今子蓬蓬然起於北海，蓬蓬然入於南海，而似無有，何也？」風曰：「然。余蓬蓬然起於北海而入於南海也，然而指我則勝我，蹈我亦勝我。雖然，夫折大木，蜚大屋者，唯我能也，故以衆小不勝爲大勝也。爲大勝者，唯聖人能之。」

列子篇

批：此篇不數百字，而文輒數樣，奇怪健古，殆難凑泊。

列子行食於道從，見百歲髑髏，攓蓬而指之曰：「唯予與汝知而未嘗死，未嘗生也。若果養乎？予果歡乎？」種有幾？得水則爲㡭，得水土之際則爲鼃蠙之衣，生於陵屯則爲陵舄，陵舄得鬱棲則爲烏足，烏足之根爲蠐螬，其葉爲胡蝶。胡蝶胥也化而爲蟲，生於竈下，其狀若脱，其名爲鴝掇。鴝掇千日爲鳥，其名爲乾餘骨。乾餘骨之沫爲斯彌，斯彌爲食醯。頤輅生乎食醯，黄軦生乎九猷，瞀芮生乎腐蠸。羊奚比乎不箰，久竹生青寧。青寧生程，程生馬，馬生人，人又反入於機。萬物皆出於機，皆入於機。

海鳥篇

顔淵東之齊，孔子有憂色。子貢下席而問曰：「小子敢問，回東之齊，夫子有憂色，何邪？」孔子曰：「善哉汝問。昔者管子有言，丘甚善之，曰：『褚小者不可以懷大，綆短者不可以汲深。』夫若是者，以爲命有所成而形有所適也，夫不可損益。吾恐回與齊侯言堯舜黄帝之道，而重以燧人神農之言。彼將内求於己而不得，不得則惑，人惑則死。且汝獨不聞耶？昔者海鳥止於魯郊，魯侯御而觴之于廟，奏《九韶》以爲樂，具太牢以爲膳。鳥乃眩視憂悲，不敢食一臠，不敢飲一盃，三日而死。此以己養養鳥也，非以鳥養養鳥也。夫以鳥養養鳥者，宜棲之深林，遊之壇陸，浮之江湖，食之鰌鮲，隨行列而止，委蛇而處。彼唯人言之惡聞，奚以夫譊譊爲乎？《咸池》、《九韶》之樂，張之洞庭之野，鳥聞之而飛，獸聞之而走，魚聞之而下入，人卒聞之，相與還而觀之。魚處水而生，人處水而死，彼必相與異，其好惡故異也。故先聖不一其能，不同其事。名止於實，義設於適，是之謂條達而福持。」

天道篇

批：此篇排比體。德則主靜，治則無爲，是一篇主意，分爲兩段，所以不覺碎。讀此篇，看他排比轉换，文法不同，便知他筆下不窮。

天道運而無所積，故萬物成；三柱排起。帝道運而無所積，故天下歸；聖道運而無所積，故海内服。明於天，通於聖，六通四辟於帝王之德者，其自爲也，昧然無不靜者矣。聖人之靜也，非曰靜也善，故靜也；萬物無足以鐃心者，故靜也。水靜則明燭鬚眉，平中准，大匠取法焉。水靜猶明，而况精神？聖人之心靜乎，天地之鑒也，萬物之鏡也。夫虚靜恬淡寂寞無爲者，天地之平而道德之至，故帝王聖人休焉。休則虚，虚則實，實者倫矣。虚則靜，靜則動，動則得矣。靜則無爲，無爲也則任事者責矣。無爲則俞俞，俞俞者憂患不能處，年壽長矣。夫虚靜恬淡寂寞無爲者，萬物之本也。明此以南鄉，堯之爲君也；一排。明此以北面，舜之爲臣也。以此處上，帝王天子之德也；以此處下，玄聖素王之道也。以此退居而淵游江海，山林之士服；以此進爲而撫世，則功大名顯而天下一也。靜而聖，此下説德主靜。動而王，無爲也而尊，樸素而天下莫能與之爭美。夫明白於天地之德者，此之謂大本大宗，與天和者也。所以均調天下，與人和者也。與人和者，謂之人樂；與天和者，謂之天樂。莊子曰：「吾師乎，吾師乎。齏萬物而不爲戾，一排。澤及萬世而不爲仁，長於上古而不爲壽，覆載天地、刻彫衆形而不爲巧，此之謂天樂。故曰，知天樂者，其生也天行，其死也物化。靜而與陰同德，動而與陽同波。故知天樂者，無天怨，無人非，無物累，無鬼責。故曰，其動也天，其靜也地，一心定而王天下；其鬼不祟，其魂不疲，一心定而萬物服。言以虛靜推於天地，通於萬物，此之謂天樂。天樂者，聖人之心，以畜天下也。」夫帝王之德，以天地爲宗，以道德爲主，以無爲爲常。無爲也，則用天下而有餘；有爲也，則爲天下用而不足。故古之人貴夫無爲也。上無爲也，下亦無爲也，是下與上同德，下與上同德則不臣。下有爲也，上亦有爲也，是上與下同道，上與下同道則不主。上必無爲而用天下，下必有爲爲天下用，此不易之道也。故古之王天下者，知雖落天地，不自慮也；辯雖彫萬物，不自説也；能雖窮海内，不自爲也。天不産而萬物化，地不長而萬物育，帝王無爲而天下功。故曰，莫神於天，莫富於地，莫大於帝王。故曰，帝王之德配天地。此乘天地，馳萬物，而用人群之道也。本在於上，末在於下；此下説治主無爲。要在於主，詳在於臣。一排。三軍五兵之運，德之末也；賞罰利害，五刑之辟，教之末也；禮法度數，刑名比詳，治之末也；鐘鼓之音，羽旄之容，樂之末也；哭泣衰經，隆殺之服，哀之末也。此五末者，須精神之運，心術之動，然後從之者也。末學者，古人有之，而非所以先也。君先而臣從，一排。父先而子從，兄先而弟從，長先而少從，男先而女從，夫先而婦從。夫尊卑先後，天地之行也，故聖人取象焉。天尊地卑，一排。神明之位也。春夏先，秋冬後，四時之序也。萬物化作，萌區有狀；盛衰之殺，變化之流也。夫天地至神，而有尊卑先後之序，而況人道乎？宗廟尚親，朝廷尚尊，鄉黨尚齒，行事尚賢，大道之序也。語道而非其序者，非道也。語道而非其道者，安取道？是故古之明大道者，先明天而道德次之，一排。道德已明而仁義次之，仁義已明而分守次之，分守已明而形名次之，形名已明而因任次之，因任已明而原省次之，原省已明而是非次之，是非已明而賞罰次之。賞罰已明而愚知處宜，貴賤履位。仁賢不肖襲情，必分其能，必由其名。以此事上，以此畜下，以此治物，以此修身，知謀不用，必歸其天，此之謂太平，治之至也。

故書曰：「有形有名。」形名者，古人有之，而非所以先也。古之語大道者，五變而形名可舉，九變而賞罰可言也。驟而語形名，不知其本也；驟而語賞罰，不知其始也。倒道而言，迕道而說者，人之所治也，安能治人？驟而語形名賞罰，此有知治之具，非知治之道；可用於天下，不足以用天下，此之謂辯士，一曲之人也。禮法數度，刑名比詳，古人有之，此下之所以事上，非上之所以畜下也。

公孫龍篇

批：此篇設譬似《河伯》而稍淺。

公孫龍問於魏牟曰：「龍少學先王之道，長而明仁義之行，合同異，離堅白，然不然，可不可，困百家之知，窮衆口之辨，吾自以爲至達已。今吾聞莊子之言，汒焉異之。不知論之不及與，知之弗若與？今吾無所開吾喙，敢問其方。」公子牟隱机太息，仰天而笑曰：「子獨不聞夫埳井之鼃乎？謂東海之鼈曰：『吾樂與。吾跳梁乎井幹之上，入休乎缺甃之崖，赴水則接腋持頤，蹶泥則没足滅跗，還虷蟹與科斗，莫吾能若也。且夫擅一壑之水，而跨跱埳井之樂，此亦至矣。夫子奚不時來入觀乎？』東海之鼈左足未入，而右膝已縶矣。於是逡巡而却，告之海曰：『夫千里之遠，不足以舉其大；千仞之高，不足以極其深。禹之時十年九潦，而水弗爲加益；湯之時八年七旱，而崖不爲加損。夫不爲頃久推移，不以多少進退者，此亦東海之大樂也。』於是埳井之鼃聞之，適適然驚，規規然自失也。且夫知不知是非之境，而猶欲觀於莊子之言，是猶使蚊負山，商蚷馳河也，必不勝任矣。且夫知不知論極妙之言而自適一時之利者，是非埳井之鼃與？且彼方跐黃泉而登大皇，指莊子。無南無北，奭然四解，淪於不測；無東無西，始於玄冥，反於大通。子乃規規然而求之以察，索之以辨，是直用管闚天，用錐指地也，不亦小乎？子往矣。且子獨不聞夫壽陵餘子之學行於邯鄲與？未得國能，又失其故行矣，直匍匐而歸耳。今子不去，將忘子之故，失子之業。」公孫龍口呿而不合，舌舉而不下，乃逸而走。

關尹篇

子列子問關尹曰：「至人潛行不窒，蹈火不熱，行乎萬物之上而不慄。請問何以至於此？」關尹曰：「是純氣之守也，非知巧果敢之列。居，予語汝。凡有貌象聲色者，皆物也。物何以相遠？夫奚足以至乎先？是色而已。則物之造乎不形而止乎無所化，夫得是而窮之者，物焉得而止焉？彼將處乎不淫之度，而藏乎無端之紀，遊乎萬物之所終始，壹其性，養其氣，合其德，以通乎物之所造。夫若是者，其天守全，其神無郤，物奚自入焉？夫醉者之墜車，雖疾不死。骨節與人同，而犯害與人異，其神全也。乘亦不知也，墜亦不知也，死生驚懼不入乎其胸中，是故遻物而不慴。彼得全於酒而猶若是，而况得全於天乎？聖人藏於天，故莫之能傷也。復讎者不折鏌干，雖有忮心者不怨飄瓦，是以天下平均。故無攻戰之亂，無殺戮之刑者，由此道也。不開人之天，而開天之天，開天者德生，開人者賊生。不厭其天，不忽於人，民幾乎以其真。」

痀僂篇

批：《痀僂》、《梓慶》、《操舟》三篇同看。

仲尼適楚，出於林中，見痀僂者承蜩，猶掇之也。仲尼曰：「子巧乎。有道邪？」曰：「我有道也。五六月累丸二而不墜，則失者錙銖；累三而不墜，則失者十一；累五而不墜，猶掇之也。吾處身也，若橛株拘；吾執臂也，若槁木之枝。雖天地之大，萬物之多，而唯蜩翼之知。吾不反不側，不以萬物易蜩之翼，何爲而不得？」孔子顧謂弟子曰：「用志不分，二字點破一篇。乃凝於神，其痀僂丈人之謂乎。」

操舟篇

顏淵問仲尼曰：「吾嘗濟乎觴深之淵，津人操舟若神。吾問焉，曰：『操舟可學耶？』曰：『可。善游者數能。若乃夫没人，則未嘗見舟而便操之也。』吾問焉而不吾告，敢問何謂也？」仲尼曰：「善游者數能，忘水也。若乃夫没人之未嘗見舟而便操之也，彼視淵若陵，奇。視舟之覆猶其車却也。覆却萬方陳乎前而不得入其舍，惡往而不暇？以瓦注者巧，以鉤注者憚，以黄金注者殙。其巧一也，而有所矜，則重外也。凡外重者内拙。」結奇。

梓慶篇

梓慶削木爲鐻，鐻成，見者驚猶鬼神。魯侯見而問焉，曰：「子何術以爲焉？」對曰：「臣工人，何術之有？雖然，有一焉。臣將爲鐻，未嘗敢以耗氣也，必齊以静心。奇。齊三日，而不敢懷慶賞爵禄。齊五日，不敢懷非譽巧拙。齊七日，輒然忘吾有四枝形體也。當是時也，無公朝，其巧專而外滑消。然後入山林，觀天性，形軀至矣，然後成見鐻，然後加手焉，不然則已。則以天合天，器之所以疑神者，其是與。」

宜僚篇

市南宜僚見魯侯，魯侯有憂色。市南子曰：「君有憂色，何也？」魯侯曰：「吾學先王之道，修先君之業。吾敬鬼尊賢，親而行之，無須臾離居。然不免於患，吾是以憂。」市南子曰：「君之除患之術淺矣。夫豐狐文豹，棲於山林，伏於巖穴，靜也；夜行晝居，戒也；雖饑渴隱約，猶且胥疏於江湖之上而求食焉，定也。然且不免於網羅機辟之患。是何罪之有哉？其皮爲之災也。今魯國獨非君之皮邪？吾願君刳形去皮，灑心去欲，而遊於無人之野。南越有邑焉，名爲建德之國。即佛氏西天之說。其民愚而朴，少私而寡欲；知作而不知藏，與而不求其報；不知義之所適，不知禮之所將；猖狂妄行，乃蹈乎大方；其生可樂，其死可葬。吾願君去國捐俗，與道相輔而行。」

君曰：「彼其道遠而險，又有江山，我無舟車，奈何？」市南子曰：「君無形倨，無留居，以爲君車。」君曰：「彼其道幽遠而無人，吾誰與爲鄰？吾無糧，我無食，安得而至焉？」市南子曰：「少君之費，寡君之欲，雖無糧而乃足。君其涉於江而浮於海，望之而不見其崖，愈往而不知其所窮。遠語玄思。送君者皆自崖而反，君自此遠矣。故有人者累，見有於人者憂。故堯非有人，非見有於人也。吾願去君之累，除君之憂，而獨與道遊於大漠之國。方舟而濟於河，有虛船來觸舟，雖有褊心之人不怒。有一人在其上，則呼張歙之。一呼而不聞，再呼而不聞，於是三呼邪，則必以惡聲隨之。向也不怒而今也怒，向也虛而今也實。人能虛己以游世，其孰能害之？」結得奇。

至道篇

孔子問於老聃曰：「今日晏閒，敢問至道。」老聃曰：「汝齋戒，疏瀹而心，澡雪而精神，掊擊而知。夫道，窅然難言哉。將爲汝言其崖略。字新。夫昭昭生於冥冥，有倫生於無形，精神生於道，形本生於精，而萬物以形相生，故九竅者胎生，八竅者卵生。其來無迹，其往無崖，無門無房，四達之皇皇也。邀於此者，四枝强，思慮恂達，耳目聰明，其用心不勞，其應物無方。天不得不高，地不得不廣，日月不得不行，萬物不得不昌，此其道與？且夫博之不必知，辨之不必慧，聖人以斷之矣。若夫益之而不加益，損之而不加損者，聖人之所保也。淵淵乎其若海，魏魏乎其終則復始也，運量萬物而不匱。則君子之道，彼其外與？萬物皆往資焉而不匱，此其道與？中國有人焉，非陰非陽，處於天地之間，直且爲人，將反於宗。自本觀之，生者，喑醷物也。雖有壽夭，相去幾何？須臾之說也。奚足以爲堯桀之是非？果蓏有理，人倫雖難，所以相齒。聖人遭之而不違，過之而不守。調而應之，德也；偶而應之，道也。帝之所興，王之所起也。人生天地之間，若白駒過郤，忽然而已。注然勃然，莫不出焉；油然漻然，莫不入焉。已化而生，又化而死，生物哀之，人類悲之。解其天弢，墮其天袠，紛乎宛乎，魂魄將往，乃身從之，乃大歸乎。不形之形，形之不形，是人之所同知也，非將至之所務也，此衆人之所同論也。彼至則不論，論則不至。明見無值，辯不若默。道不可聞，聞不若塞。此之謂大得。」

將迎篇

顏淵問乎仲尼曰：「回嘗聞諸夫子曰：『無有所將，無有所迎。』回敢問其遊。」仲尼曰：「古之人，外化而內不化；今之人，內化而外不化。與物化者，一不化者也。安化安不化，安與之相靡，必與之莫多。狶韋氏之囿，黄帝之圃[一]，有虞氏之宮，湯武之室。君子之人，若儒墨者師，故以是非相鳌也，而况今之人乎？聖人處物不傷物。不傷物者，物亦不能傷也。唯無所傷者，爲能與人相將迎。山林與，皐壤與，使我欣欣然而樂與。樂未畢也，哀又繼之。哀樂之來，吾不能禦，其去弗能止。悲夫，世人直爲物逆旅耳。夫知遇而不知所不遇，知能能而不能所不能。無知無能者，固人之所不免也。夫務免乎人之所不免者，豈不亦悲哉？至言去言，至爲去爲。齊知之所知，則淺矣。」

庚桑篇

批：此篇答問體，而自分兩截，滔滔中時出奇句，蓋亦深言之者。

老聃之役有庚桑楚者，偏得老聃之道，以北居畏壘之山。其臣之畫然知者去之，其妾之挈然仁者遠之。遠語奇，便見其伎倆本色。擁腫之與居，鞅掌之爲使。居三年，畏壘大穰。畏壘之民相與言曰：「庚桑子之始來，吾灑然異之。今吾日計之而不足，歲計之而有餘。

[一]「圃」，原作「囿」，據《道藏》成疏本卷二四改。

庶幾其聖人乎。子胡不相與尸而祝之，社而稷之乎？」庚桑子聞之，南面而不釋然。弟子異之，庚桑子曰：「弟子何異於予？夫春氣發而百草生，正得秋而萬寶成。夫春與秋，豈無得而然哉？大道已行矣。吾聞至人尸居環堵之室，而百姓猖狂不知所如往。今以畏壘之細民而竊竊焉欲俎豆余于賢人之間，我其杓之人邪？吾是以不釋於老聃之言。」弟子曰：「不然。夫尋常之溝，巨魚無所還其體，而鯢鰌爲之制；步仞之丘陵，巨獸無所隱其軀，而蘖狐爲之祥。且夫尊賢授能，先善與利，自古堯舜以然，而況畏壘之民乎？夫子亦聽矣。」庚桑子曰：「小子來。夫函車之獸，正對。介而離山，則不免于網罟之患；吞舟之魚，碭而失水，則螘能苦之。故鳥獸不厭高，魚鼈不厭深。夫全其形生之人，藏其身也，不厭深眇而已矣。且夫二子者，又何足以稱揚哉？是其於辨也，將妄鑿垣牆而殖蓬蒿也。理不經而語甚奇。簡髮而櫛，數米而炊，竊竊乎又何足以濟世哉？舉賢則民相軋，任知則民相盜。之數物者，不足以厚民。民之於利甚勤，子有殺父，臣有殺君，正晝爲盜，日中穴阫。吾語汝，大亂之本，必生于堯舜之間，其末存乎千世之後。千世之後，其必有人與人相食者也。」南榮趎蹙然正坐曰：「若趎之年者已長矣，將惡乎託業以及此言耶？」庚桑子曰：「全汝形，抱汝生，無使汝思慮營營。若此三年，則可以及此言也。」南榮趎曰：「目之與形，吾不知其異也，而盲者不能自見；耳之與形，吾不知其異也，而聾者不能自聞；心之與形，吾不知其異也，而狂者不能自得。形之與形亦辟矣，而物或間之邪，欲相求而不能相得？今謂趎曰：『全汝形，抱汝生，勿使汝思慮營營。』趎勉聞道達耳矣。」庚桑子曰：「辭盡矣。曰奔蜂不能化藿蠋，越雞不能伏鵠卵，魯雞固能矣。雞之與雞，其德非不同也，有能與不能者，其才固有巨小也。今吾才小，不足以化子。子胡不南見老子？」南榮趎贏糧，七日七夜至老子之所。老子曰：「子自楚之所來乎？」南榮趎曰：「唯。」老子曰：「子何與人偕來之衆也？」以後禪□類本此。南榮趎懼然顧其後。老子曰：「子不知吾所謂乎？」南榮趎俯而慙，仰而歎曰：「今者吾忘吾答，因失吾問。」老子曰：「何謂也？」南榮趎曰：「不知乎？人謂我朱顓愚。知乎？反愁我軀。不仁則害人，仁則反愁我身；不義則傷彼，義則反愁我己。我安逃此而可？此三言者，趎之所患也，願因楚而問之。」老子曰：「向吾見若眉睫之間，具眼。吾因以得汝矣，今汝又言而信之。若規規然若喪父母，揭竿而求諸海也。汝亡人哉，惘惘乎。汝欲反汝情性而無由入，可憐哉。」南榮趎請入就舍，召其所好，去其所惡，十日自愁，復見老子。老子曰：「汝自灑濯，孰哉鬱鬱乎。然而其中津津乎猶有惡也。夫外韄者不可繁而捉，告子同趣。將內揵；內韄者不可繆而捉，將外揵。外內韄者，道德不能持，而況放道而行者乎？」南榮趎曰：「里人有病，里人問之，病者能言其病，然其病，病者猶未病也，若趎之聞大道，譬猶飲藥以加病也，趎願聞衛生之經而已矣。」老子曰：「衛生之經，能抱一乎？能勿失乎？能無卜筮而知吉凶乎？能止乎？能已乎？能舍諸人而求諸己乎？能翛然乎？能侗然乎？能兒子乎？兒子終日嗥而嗌不嗄，和之至也；終日握而手不掜〔一〕，共其德也；終日視而目不瞚，偏不在外也。行不知所之，居不知所爲，與物委蛇，而同其波。是衛生之經已。」南榮趎曰：「然則是至人之德已乎？」曰：「非也。是乃所謂冰解凍釋者。夫至人者，相與交食乎地而交樂乎天，不以人物利害相攖，不相與爲怪，不相與爲謀，不相與爲事，翛然而往，侗然而來。是謂衛生之經已。」曰：「然則是至乎？」曰：「未也。吾固告汝曰：『能兒子乎？』兒子動不知所爲，行不知所之，身若槁木之枝而心若死灰。若是者，禍亦不至，福亦不來。禍福無有，惡有人災也？」宇泰定者，發乎天光。發乎天光者，人見其人。人有修者，乃今有恒。有恒者，人舍之，天助之。人之所舍，謂之天民；天之所助，謂之天子。學者，學其所不能學也；行者，行其所不能行也；辨者，辨其所不能辨也。知止乎其所不能知，至矣。若有不即是者，天鈞敗之。備物以將形，藏不虞以生心，敬中以達彼，若是而萬惡至者，皆天也，而非人也，不足以滑成，不可内於靈臺。靈臺者有持，

〔一〕「掜」，原作「覞」，據《道藏》成疏本卷二五改。

而不知其所持，而不可持者也。不見其誠己而發，每發而不當，業入而不舍，每更爲失。爲不善乎顯明之中者，人得而誅之；爲不善乎幽閒之中者，鬼得而誅之。明乎人、明乎鬼者，然後能獨行。券内者，行乎無名；券外者，志乎期費。行乎無名者，唯庸有光；志乎期費者，惟賈人也，人見其跂，猶之魁然。與物窮者，物入焉；與物且者，其身之不能容，焉能容人？不能容人者無親，無親者盡人。兵莫憯于志，鏌鋣爲下；寇莫大於陰陽，無所逃於天地之間。非陰陽賊之，心則使之也。道通，其分也，其成也毁也。所惡乎分者，其分也以備；所以惡乎備者，其有以備。故出而不反，見其鬼；出而得，是謂得死。滅而有實，鬼之一也。以有形者象無形者而定矣。出無本，入無竅。有實而無乎處，有長而無乎本剽，有所出而無竅者有實。有實而無乎處者，宇也；有長而無本剽者，宙也。有乎生，有乎死，有乎出，有乎入，入出而無見其形，是謂天門。天門者，無有也，萬物出乎無有。有不能以有爲有，必出乎無有，而無有一無有。聖人藏乎是。古之人，其知有所至矣。惡乎至？有以爲未始有物者，至矣，盡矣，弗可以加矣。此便是禪家地位分別。其次以爲有物矣，將以生爲喪也，以死爲反也，是以分已。其次曰始無有，既而有生，生俄而死。以無有爲首，以生爲體，以死爲尻。孰知有無死生之一守者，吾與之爲友。是三者雖異，公族也，昭景也，著戴也，甲氏也，著封也，非一也。有生，黬也，披然曰移是。嘗言移是，又起。非所言也。雖然，不可知者也。臘者之有膍胲，可散而不可散也；觀室者周於寢廟，又適其偃焉，爲是舉移是。請嘗言移是。是以生爲本，以知爲師，因以乘是非。果有名實，因以己爲質；使人以爲己節，因以死償節。若然者，以用爲知，以不用爲愚，以徹爲名，以窮爲辱。移是，今之人也，是蜩與鷽鳩同於同也。蹍市人之足，則辭以放鶩，兄則以嫗，大親父母。則已矣。故曰，至禮有不人，至義不物，至知不謀，至仁無親，至信辟金。徹志之勃，解心之謬，去德之累，達道之塞。貴富顯嚴名利六者，勃志也；容動色理氣意六者，謬心也；惡欲喜怒哀樂六者，累德也；去就取與知能六者，塞道也。此四六者不盪胸中則正，正則靜，靜則明，明則虛，虛則無爲而無不爲也。道者，德之欽也；生者，德之光也；性者，生之質也。性之動，謂之爲；爲之僞，謂之失。知者，接也；知者，謨也。知者之所不知，猶睨也。動以不得已之謂德，動無非我之謂治，名相反而實相順也。羿工乎中微而拙乎使人無己譽，聖人工乎天而拙乎人。夫工乎天而俍乎人者，唯全人能之。惟蟲能蟲，惟蟲能天。全人惡天？惡人之天？而況吾天乎人乎？一雀適羿，奇。羿必得之，威也。以天下爲之籠，則雀無所逃。是故湯以庖人籠伊尹，秦穆公以五羊之皮籠百里奚。是故非以其所好籠之而可得者，無有也。介者拸畫，外非譽也。胥靡登高而不懼，遺死生也。夫復謵不餽而忘人，忘人，因以爲天人矣。故敬之而不喜，侮之而不怒者，唯同乎天和者爲然；出怒不怒，則怒出於不怒矣；出爲無爲，則爲出於無爲矣。欲靜則平氣，欲神則順心，有爲也欲當，則緣於不得已，不得已之類，聖人之道。

射者篇

批：作意爲奇，此莊子與惠子隱語。

莊子曰：「射者非前期而中，謂之善射，天下皆羿也，可乎？」惠子曰：「可。」莊子曰：「天下非有公是也，而各是其所是，天下皆堯也，可乎？」惠子曰：「可。」莊子曰：「然則儒墨楊秉四，與夫子爲五，果孰是邪？或者若魯遽者邪？其弟子曰：『我得夫子之道矣，吾能冬爨鼎而夏造冰矣。』魯遽曰：『是直以陽召陽，以陰召陰，非吾所謂道也。吾示子乎吾道。』於是爲之調瑟，廢一於堂，廢一於室，鼓宫宫動，鼓角角動，音律同矣。夫或改調一絃，於五音無當也，鼓之，二十五絃皆動，未始異於聲，而音之君已。且若是者邪？」惠子曰：「今夫儒墨楊秉，且方與我以辯，相排以辭，相鎮以聲，而未始吾非也，則奚若矣？」莊子曰：「齊人蹢子於宋者，其命閽也不以完，皆言錯者自以爲是之譬。其求鈃鍾也以束縛，其求唐子也而未始出域，有遺類矣。夫楚人寄而蹢閽者，夜半於無人之時而與舟人鬬，未始離於岑而足以造於怨也。」

仲尼篇

仲尼之楚，楚王觴之，孫叔敖執爵而立，市南宜僚受酒而祭曰：「古之人乎。於此言已。」曰：「丘也聞不言之言矣，未之嘗言，於此乎言之。市南宜僚弄丸而兩家之難解，孫叔敖甘寢秉羽而郢人投兵。丘願有喙三尺。」彼之謂不道之道，此之謂不言之辯，故德總乎道之所一，而言休乎知之所不知，至矣。道之所一也，德不能同也；知之所不能知者，辯不能舉也。名若儒墨而凶矣。故海不辭東流，大之至也。聖人并包天地，澤及天下，而不知其誰氏。是故生無爵，死無謚，實不聚，名不立，此之爲大人。狗不以善吠爲良，人不以善言爲賢，而況爲大乎？夫爲大不足以爲大，而況爲德乎？夫大備矣，莫若天地，然奚求焉，而大備矣。知大備者，無求，無失，無棄，不以物易己也。反己而不窮，循古而不摩，大人之誠。

齧缺篇

批：此篇直敘中兼攻擊體。自分二截，文奇偉，深濬可玩。

齧缺遇許由，曰：「子將奚之？」曰：「將逃堯。」曰：「奚謂耶？」曰：「夫堯，畜畜然仁，吾恐其爲天下笑。後世其人與人相食與？夫民，不難聚也。愛之則親，利之則至，譽之則勸，致其所惡則散。愛利出乎仁義，捐仁義者寡，利仁義者衆。夫仁義之行，唯且無誠，且假夫禽貪者器。是以一人之斷制利天下，譬之猶一覕也。夫堯知賢人之利天下也，而不知其賊天下也，夫惟外乎賢者知之矣。」有暖姝者，有濡需者，有卷婁者。奇意奇句。所謂暖姝者，學一先生之言，則暖暖姝姝而私自悦也，自以爲足矣，而未知未始有物也，是以謂暖姝者也。濡需者，豕蝨是也，奇。擇疏鬣自以爲廣宮大囿，奎蹄曲隈，乳間股脚，自以爲安室利處，不知屠者之一旦鼓臂布草操煙火，而已與豕俱焦也。此以域進，此以域退，此其所謂濡需者也。卷婁者，舜也。羊肉不慕蟻，蟻慕羊肉，羊肉羶也。舜有羶行，百姓悦之，故三徙成都，至鄧之墟而十有萬家。堯聞舜之賢，非堯處。舉之童土之地，曰冀得其來之澤。舜舉乎童土之地，年齒長矣，聰明衰矣，而不得休歸，所謂卷婁者也。

是以神人惡衆至，衆至則不比，不比則不利也。故無所甚親，無所甚踈，抱德煬和以順天下，此謂真人。以下説入深一步，不獨在聚民上。於蟻棄知，於魚得計，於羊棄意。以目視目，以耳聽耳，以心復心。若然者，其平也繩，其變也循。古之真人，以天待之，不以人入天。古之真人，得之也生，失之也死；得之也死，失之也生。藥也，其實堇也，桔梗也，雞壅也，豕零也，是時爲帝者也，君。何可勝言？勾踐也以甲楯三千棲於會稽，唯種也能知亡之所以存，唯種也不知其身之所以愁。故曰，鴟目有所適，鶴脛有所節，解之也悲。故曰，風之過河也有損焉，日之過河也有損焉。請只風與日相與守河，而河以爲未始其攖也，恃源而往者也。故水之守土也審，影之守人也審，物之守物也審。故目之於明也殆，耳之於聰也殆，心之於殉也殆。凡能其於府也殆〔一〕，殆之成也不給改。禍之長也兹萃，其反也緣功，其果也待久。而人以爲己寶，不亦悲乎。故有亡國戮民無已，應起處。不知問是也。故足之於地也踐，雖踐，恃其所不蹍而後善博也；人之知也少，雖少，恃其所不知而後知天之所謂也。知大一，知大陰，知大目，知大均，知大方，知大信，知大定，至矣。大一通之，大陰解之，大目視之，大均緣之，大方體之，大信稽之，大定持之。盡有天，循

〔一〕「其於」，原作「於其」，據《道藏》成疏本卷二六乙正。

有照，冥有樞，始有彼。則其解之也似不解之者，其知之也似不知之也，不知而後知之。其問之也，不可以有崖，而不可以無崖。頡滑有實，古今不代，而不可以虧，則可不謂有大揚搉乎？闔不亦問是已，奚惑然爲？以不惑解惑，復於不惑，是尚大不惑。結太奇。

則陽篇

批：此篇直答體。

則陽游於楚，夷節言之於王，王未之見，夷節歸。彭陽見王果曰：「夫子何不譚我於王？」王果曰：「我不若公閱休。」彭陽曰：「公閱休奚爲者邪？」曰：「冬則擉鱉于江，夏則休乎山樊。冷語奇。有過而問者，曰：『此予宅也。』夫夷節已不能，而況我乎？吾又不若夷節。夫夷節之爲人也，無德而有知，不自許，以之神其交固，顛冥乎富貴之地，非相助以德，相助消也。夫凍者假衣於春，暍者反冬乎冷風。夫楚王之爲人也，形尊而嚴，其於罪也，無赦如虎。非夫佞人正德，其孰能撓焉？故聖人，其窮也使家人忘其貧，其達也使王公忘爵祿而化卑。其於物也，與之爲娛矣；其於人也，樂物之通而保己焉。故或不言而飲人以和，與人並立而使人化。父子之宜，彼其乎歸居，而一閒其所施。其於人心者若是其遠也。故曰待公閱休。」聖人達綢繆，周盡一體矣，而不知其然，性也。復命搖作而以天爲師，人則從而命之也。憂乎知而所行恒無幾時，其有止也若之何？生而美者，人與之鑑，不告則不知其美於人也。若知之，若不知之，若聞之，若不聞之，其可喜也終無已，人之好之亦無已，性也。聖人之愛人也，人與之名，不告則不知其愛人也。若知之，若不知之，若聞之，若不聞之，其愛人也終無已〔二〕，人之安之亦無已，性也。舊國舊都，望之暢然。雖使丘陵草木之緡，入之者十九，猶之暢然。況見見聞聞者也，以十仞之臺縣衆間者也？冉相氏得其環中以隨成，與物無終無始，無幾無時。日與物化者，一不化者也，闔嘗舍之？夫師天而不得師天，與物皆殉，其以爲事也若之何？夫聖人未始有天，未始有人，未始有始，未始有物，與世偕行而不替，所行之備而不洫，其合之也若之何？湯得其司御門尹登恒爲之傅之，舉湯於伊尹，以見己所以不言。從師而不囿，得其隨成，爲之司其名，之名嬴法，得其兩見。仲尼之盡慮，爲之傅之。容成氏曰：「除日無歲，無內無外。」

〔二〕「愛」，原作「憂」，據《道藏》成疏本卷二一七改。

田侯篇

批：此篇敘事體。奇難奇答，玄言玄解，真最上一乘。

魏瑩與田侯牟約，田侯牟背之。魏瑩怒，將使人刺之。犀首聞而恥之曰：「君爲萬乘之君也，而以匹夫從讎。慷慨語從冷淡形容，故奇。衍請受甲二十萬，爲君攻之，虜其人民，係其牛馬，使其君内熱發於背，然後拔其國。忌也出走，然後抶其背〔一〕，折其脊。」季子聞而恥之，曰：「築十仞之城，城者既十仞矣，則又壞之，此胥靡之所苦也。今兵不起七年矣，此王之基也。衍亂人，不可聽也。」華子聞而醜之，曰：「善言伐齊者，亂人也。善言勿伐者，亦亂人也。謂伐之與不伐亂人也者，又亂人也。」君曰：「然則若何？」曰：「君求其道而已矣。」惠子聞之而見戴晉人。戴晉人曰：「有所謂蝸者，君知之乎？」曰：「然。」「有國於蝸之左角者曰觸氏，設怪語。有國於蝸之右角者曰蠻氏，時相與爭地而戰，伏尸數萬，逐北旬有五日而後反。」君曰：「噫，其虛言與？」曰：「臣請爲君實之。君以

〔一〕「抶」，原作「扶」，據《道藏》成疏本卷二七改。

意在四方上下有窮乎？」玄言玄解，二比自廢。君曰：「無窮。」曰：「知遊心於無窮，而反在通達之國，若存若亡乎？」以太空視一國若無。君曰：「然。」曰：「通達之中有魏，於魏中有梁，於梁中有王。王與蠻氏，有辨乎？」以一國視王若蠻。君曰：「無辨。」客出而君惝然若有亡也。客出，惠子見。君曰：「客，大人也，聖人不足以當之。」惠子曰：「夫吹管也，猶有嗃也；吹劍首者，吷而已矣。堯舜，人之所譽也。道堯舜於戴晉人之前，譬猶一吷也。」結奇。

長梧篇

批：此篇與東坡《稼説》並看。

長梧封人問子牢曰：「君爲政焉勿鹵莽，治民焉勿滅裂。昔余爲禾，耕而鹵莽之，則其實亦鹵莽而報余；芸而滅裂之，其實亦滅裂而報余。余來年變齊，深其耕而熟耰之，其禾繁以滋，予終年厭飧。」莊子聞之曰：「今人之治其形，理其心，多有似封人之所謂，遁其天，離其性，滅其情，亡其神，以衆爲。故鹵莽其性者，奇句。欲惡之孽，爲性萑葦蒹葭，始萌以扶吾形，尋擢吾性。並潰漏發，不擇所出，漂疽疥癰，形。內熱溲膏是也。」心。

少知篇

批：此篇答問體。闔闢變化，色象熏淵，蓋深言之者。

少知問於太公調曰：「何謂丘里之言？」太公調曰：「丘里者，合十姓百名而以爲風俗也，合異以爲同，散同以爲異。今指馬之百體而不得馬，而馬係於前者，立其百體而謂之馬也。俊語。是故丘山積卑而爲高，江河合水而爲大，大人合并而爲公。是以自外入者，有主而不執；由中出者，有正而不距。四時殊氣〔一〕，天不賜，故歲成；五官殊職，君不私，故國治。文武大人不賜，故德備；萬物殊理，道不私，故無名。無名故無爲，無爲而無不爲。時有終始，世有變化。禍福淳淳，至有所拂者而有所宜；自殉殊面，有所正者有所差。比于大澤，百材皆度；觀乎大山，木石同壇。此之謂丘里之言。」少知曰：「然則謂之道，足乎？」太公調曰：「不然。今計物之數，不止於萬〔二〕，而期曰萬物者，以数之多者號而讀之也。是故天地者，形之大者也；陰陽者，氣之大者也；道者爲之公。

〔一〕「氣」，原作「意」，據《道藏》成疏本卷二七改。
〔二〕「萬」下原衍「物」字，據《道藏》成疏本卷二七删。

因其大以號而讀之則可也，已有之矣，乃將得比哉？則若以斯辯，譬猶狗馬，其不及遠矣。」少知曰：「四方之内，六合之裏，萬物之所生惡起？」問漸深。太公調曰：「陰陽相照相蓋相治，四時相代相生相殺，欲惡去就於是橋起，雌雄片合於是庸有。安危相易，禍福相生，緩急相摩，聚散以成。此名實之可紀，精之可志也。隨序之相理，橋運之相使，窮則反，終則始。此物之所有，言之所盡，知之所至，極物而已。覩道之人，不隨其所廢，不原其所起，此議之所止。」少知曰：「季真人名。之莫爲，無主。接子人名。之或使，有主。二家之議，孰正於其情，孰偏於其理？」太公調曰：「鷄鳴狗吠，是人之所知。雖有大知，不能以言讀其所自化，又不能以意其所將爲。斯而析之，精至於無倫，大至於不可圍，或之使，莫之爲，未免於物而終以爲過。或使則實，莫爲則虚。正破語奇。有名有實，是物之居；無名無實，在物之虚。可言可意，言而愈疏。未生不可忌，已死不可阻。死生非遠也，理不可覩。或之使，莫之爲，疑之所假。吾觀之本，其往無窮；吾求之末，其來無止。無窮無止，言之無也，與物同理；或使莫爲，言之本也，與物終始。道不可有，有不可無。道之爲名，所假而行。或使莫爲，在物一曲，夫胡爲於大方？言而足，則終日言而盡道；言而不足，則終日言而盡物。道物之極，言默不足以載；非言非默，議其有極。」

達命篇

孔子曰：「凡人心險於山川，難於知天。天猶有春秋冬夏旦暮之期，人者厚貌深情。故有貌愿而益，有長若不肖，有順懁而達，有堅而縵，有緩而釬。故其就義若渴者，其去義若熱。故君子遠使之而觀其忠，近使之而觀其敬，煩使之而觀其能，卒然問焉而觀其知，急與之期而觀其信，委之以財而觀其仁，告之以危而觀其節，醉之以酒而觀其則，雜之以處而觀其色。九徵至，不肖人得矣。」正考父一命而傴，再命而僂，三命而俯，循牆而走，孰敢不軌？如而夫者，一命而呂鉅，再命而於車上儛，三命而名諸父，孰協唐、許。」賊莫大乎德有心而心有睫，及其有睫也而內視，內視而敗矣。凶德有五，中德爲首。何謂中德？中德也者，有以自好也，而吡其所不爲者也。窮有八極，達有三必，刑有六府。美髯長大壯麗勇敢，八者俱過人也，因以是窮。緣循，偃佒，困畏不若人，三者俱通達。知慧外通，勇敢多怨，仁義多責。達生之情者傀，達於知者肖；達大命者隨，達小命者遭。

莊子自敘篇

批：此篇直敘體。中分五節，要在明道，故機軸稍異。然奇正險易，迭相爲經，精神命脉，隱中自見。司馬遷稍凑泊，班固便遠甚。

天下之治方術者多矣，總起。皆以其有爲不可加矣。古之所謂道術者，果惡乎在？曰：「無乎不在。」曰：「神何由降？明何由出？」「聖有所生，王有所成，皆原於一。」不離於宗，謂之天人。不離於精，謂之神人。不離於真，謂之至人。以天爲宗，以德爲本，以道爲門，兆於變化，謂之聖人。以仁爲恩，以義爲理，以禮爲行，以樂爲和，薰然慈仁，謂之君子。以法爲分，以名爲表，以參为驗，以稽爲决，其數一二三四是也，百官以此相齒，以事爲常，以衣食爲主，蕃息畜藏，老弱孤寡爲意，皆有以養，民之理也。古之人其備乎。配神明，醇天地，育萬物，和天下，澤及百姓，明於本數，係於末度，六通四辟，小大精粗，其運無乎不在。其明而在歷數者，舊法世傳之史尚多有之。其在於《詩》、《書》、《禮》、《樂》者，鄒魯之士、搢紳先生多能明之。《詩》以道志，《書》以道事，《禮》以道行，《樂》以道和，《易》以道陰陽，《春秋》以道名分。先六經而後各家，莊子豈鄙儒哉？《盜跖》、《漁父》有激其言之也。其數散於天下而設於中國者，百家之學時或稱而道之。天下大亂，聖賢不明，道德不一，天下多得一察焉以自好。譬如耳目鼻口，皆有所明，不能相通。猶百家衆技也，皆有所長，時有所用。雖然，不該不徧，一曲之士也。判天地之美，析萬物之理，察古人之全，寡能備於天地之美，稱神明之容。是故内聖外王之道，闇而不明，鬱而不發，天下之人各爲其所欲焉以自爲方。悲夫，百家往而不反，必不合矣。後世之學者，不幸不見天地之純，古人之大體，應前。道術將爲天下裂。以上總序。

不侈於後世，不靡於萬物，不暉於度數，以繩墨自矯而備世之急，古之道術有在於是者。墨翟、禽滑釐聞其風而説之，第一柱，荆公作《三聖論》出此。爲之大過，貶。已之大循。作爲《非樂》，命之曰《節用》，生不歌，死無服。墨子汎愛兼利而非鬬，其道不怒；又好學而博，不異，不與先王同，毁古之禮樂。黄帝有《咸池》，堯有《大章》，舜有《大韶》，禹有《大夏》，湯有《大濩》，文王有辟雍之樂，武王、周公作《武》。古之喪禮，貴賤有儀，上下有等，天子棺槨七重，諸侯五重，大夫三重，士再重。今墨子獨生不歌，死不服，桐棺三寸而無槨，以爲法式。以此教人，恐不愛人；以此自行，固不愛己。未敗墨子道。雖然，歌而非歌，哭而非哭，樂而非樂，是果類乎？其生也勤，其死也薄，其道大觳。使人憂，使人悲，其行難爲也，恐其不可以爲聖人之道，反天下之心，天下不堪。墨子雖獨能任，奈天下何？無遁處。離於天下，其去王也遠矣。墨子稱道曰：「昔者禹之湮洪水，決江河而通四夷九州也，名川三百，支川三千，小者無數。禹親自操槖耜而九雜天下之川，腓無胈，脛無毛，沐甚風，櫛疾雨，置萬國。禹大聖也而形勞天下也如此。」使後世之墨者，多以裘褐爲衣，以跂蹻爲服，日夜不休，以自苦爲極，曰：「不能如此，非禹之道也，不足謂墨。」相里勤人名。之弟子五侯之徒，南方之墨者苦獲、已齒、鄧陵子三人。之屬，俱誦《墨經》，而倍譎不同，相謂別墨。以堅白同異之辨相訾，以觭偶不仵之辭相應，以巨子爲聖人，首座。皆願爲之尸，冀得爲其後世，至今不決。墨翟、禽滑釐之意則是，其行則非也。將使後世之墨者，必自苦以腓无胈〔一〕、脛無毛，相進而已矣。亂之上也，治之下也。雖然，墨子真天下之好也，一放。將求之不得也，雖枯槁不舍也，才士也夫。

不累於俗，不飾於物，不苟於人，不忮於衆，願天下之安寧以活民命，人我之養畢足而止，以此白心，古之道術有在於是者。宋鈃、尹文聞其風而悦之。第二柱〔二〕。作爲華山之冠以自表，接萬物以別宥爲始。語心之容，命之曰心之行，以聏合驩，以調海内，請欲置之以爲主。見侮不辱，救民之鬬，禁攻寢兵，救世之戰。以此周行天下，上説下教，雖

〔一〕「自苦以」，原作「以自苦」，據《道藏》成疏本卷三五乙正。

〔二〕「第二柱」，原缺，據前後文意補。

天下不取，强聒而不舍者也，故曰上下見厭而强見也。雖然，一貶。其爲人太多，其自爲太少，曰：「請欲固置五升之飯足矣。」無遁處。先生恐不得飽，弟子雖飢，不忘天下，日夜不休，曰：「我必得活哉。」圖傲乎救世之士哉。曰：「君子不爲苛察，不以身假物。」以爲無益於天下者，一放。明之不如已也。以禁攻寢兵爲外，以情欲寡淺爲内，其小大精粗，其行適至是而止。公而不黨，易而無私，決然無主，趣物而不兩，不顧於慮，不謀於知，於物無擇，與之俱往，古之道術有在於是者。彭蒙、田駢、慎到聞其風而悦之。第三柱。齊萬物以爲首，曰：「天能覆之而不能載之，地能載之而不能覆之，大道能包之而不能辨之，知萬物皆有所可，有所不可，故曰選則不偏，教則不至，道則無遺者矣。」是故慎到棄智去己而緣不得已，泠汰於物以爲道理，曰知不知，將薄知而後鄰傷之者也。謑髁無任而笑天下之尚賢也，縱脱無行而非天下之大聖，椎拍輐斷，無圭角。與物宛轉，舍是與非，苟可以免，不師知慮，不知前後，魏然而已矣。推而後行，曳而後往，若飄風之還，若羽之旋，若磨石之隧，全而無非，動靜無過，未嘗有罪。是何故？夫無知之物，無建己之患，無用知之累，動靜不離於理，是以終身無譽。故曰至於若無知之物而已，無用賢聖，夫塊不失道。豪傑相與笑之曰：「慎到之道，非生人之行而至死人之理，枯槁似死。適得怪焉。」無遁處。田駢亦然，學於彭蒙，得不教焉。彭蒙之師曰：「古之道人，至於莫之是莫之非而已矣。其風窢然，惡可而言？」常反人，不見觀，而不免於魭斷。其所謂道非道，而所言之韙不免於非。彭蒙、田駢、慎到不知道。雖然，概乎皆嘗有聞者也。一放。以本爲精，以物爲粗，以有積爲不足，淡然獨與神明居，古之道術有在於是者。關尹、老聃聞其風而悦之。第四柱。建之以常無有，主之以太一，以濡弱謙下爲表，以空虚不毁萬物爲實。到老聃，止直敘不貶。關尹曰：「在己無居，形物自著。其動若水，其靜若鏡，其應若響。芴乎若亡，寂乎若清，同焉者和，得焉者失。未嘗先人而常隨人。」老聃曰：「知其雄，守其雌，爲天下谿；知其白，守其辱，爲天下谷。」人皆取先，己獨取後，曰受天下之垢。人皆取實，己獨取虚，無藏也故有餘，巋然而有餘。其行身也，徐而不費，無爲也而笑巧。人皆求福，己獨曲全，曰苟免於咎。以深爲根，以約爲紀，曰堅則毁矣，鋭則挫矣。常寬容於物，不削於人，可謂至極。極稱。關尹、老聃乎，古之博大真人哉。

寂漠無形，此處便自古。變化無常，死與生與，天地並與，神明往與，芒乎何之，忽乎何適，萬物畢羅，莫足以歸，古之道術有在於是者。莊周聞其風而悦之，第五柱。以謬悠之説，荒唐之言，無端崖之辭，時恣縱而不儻，不以觭見之也。以天下爲沉濁，不可與莊語，以卮言爲曼衍，以重言爲真，以寓言爲廣。獨與天地精神往來而不敖倪於萬物，不譴是非，以與世俗處。其書雖環瑋而連犿無傷也，其辭雖參差而諔詭可觀。彼其充實不可以已，上與造物者遊，而下與外死生無終始者爲友。其於本也，弘大而闢，深閎而肆；其於宗也，可謂調適而上遂矣。雖然，其應於化而解於物也，其理不竭，其来不蜕，芒乎昧乎，未之盡者。自道處。

惠施多方，借客形主。其書五車，其道舛駁，其言也不中。厤物之意，曰：「至大無外，謂之大一；至小無内，謂之小一。無厚，不可積也，其大千里。天與地卑，山與澤平。日方中方睨，物方生方死。大同而與小同異，此之謂小同異；萬物畢同畢異，此之謂大同異。南方無窮而有窮，今日適越而昔來。連環可解也。我知天下之中央，燕之北、越之南是也。汜愛萬物，天地一體也。」惠施以此爲大，觀於天下而曉辯者，天下之辯者相與樂之。卵有毛，雞三足，郢有天下，犬可以爲羊，馬有卵，丁子有尾，火不熱，山出口，輪不蹍地，目不見，指不至，至不絶，龜長於蛇，矩不方，規不可以爲圓，鑿不圍枘，飛鳥之景未嘗動也，鏃矢之疾而有不行不止之時，狗非犬，黄馬驪牛三，白狗黑[一]，孤駒未嘗有母，一尺之棰，日取其半，萬世不竭。奇峰怪石，千態萬狀，柳宗元終身不辨。辯者以此與惠施相應，終身無窮。桓團、公孫龍辯者之徒，飾人之心，易人之意，能勝人之口，不能服人之心，辯者

[一]「黑」，原作「墨」，據《道藏》成疏本卷三五改。

之囿也。惠施日以其知與人之辯，特與天下之辯者爲怪，此其柢也。然惠施之口談，自以爲最賢，曰天地其壯乎。施存雄而無術。南方有倚人焉曰黄繚，問天地所以不墜不陷，風雨雷霆之故。莊子道術而以己終，乃借惠子相形。細讀書中，惟惠子嘗有辯難，豈當時疑惠子與莊子並者，而姑破之耶？惠施不辭而應，不慮而對，徧爲萬物説，説而不休，多而無已，猶以爲寡，益之以怪。以反人爲實而欲以勝人爲名，是以與衆不適也。弱於德，强於物，其塗隩矣。由天地之道觀惠施之能，其猶一蚊一虻之勞者也，其於物也何庸？夫充一尚可，曰愈貴道，幾矣。惠施不能以此自寧，散於萬物而不厭，卒以善辯爲名。惜乎。惠施之才，駘蕩而不得，逐萬物而不反，是窮響以聲，形與影競走也，悲夫。

莊子章義

整理説明

《莊子章義》五卷，清姚鼐撰。姚鼐（一七三一—一八一五），字姬傳，又字夢谷，室名惜抱軒。安徽桐城人。乾隆二十八年（一七六三）進士，授禮部主事，官至刑部郎中。後辭官，執教揚州梅花書院、安慶敬敷書院、歙縣紫陽書院、南京鍾山書院。著有《惜抱軒詩文集》，編有《古文辭類篹》等。

《莊子章義》爲姚鼐評點《莊子》之作，全書將《莊子》原文各篇分爲若干章，正文間有小字夾注，重在校勘文字、訓詁文義及評點文句，對於理解《莊子》文意具有一定的價值。此次整理，以光緒五年（一八七九）《惜抱軒叢書三種》本爲底本，所引《莊子》原文參校明世德堂《六子全書》本《南華真經》（簡稱「世德堂本」）及《道藏》所收成玄英《南華真經注疏》（簡稱「《道藏》成疏本」）。整理中錯誤之處在所難免，尚祈讀者不吝賜教。

劉韶軍

莊子章義序目

《漢·藝文志》，《莊子》五十二篇。陸德明《音義》載晉宋注《莊子》者七家，惟司馬彪、孟氏載其全書，其餘惟内七篇皆同，外篇、雜篇各以意爲去取。自唐宋以後，諸家之本盡亡，今惟有郭象注本，凡三十三篇，其十九篇經象删去，不可見矣。昔孔子以《詩》、《書》、六藝教弟子，而性與天道不可得聞，其得聞者，必弟子之尤賢也。然而道術之分，蓋自是始。夫子游之徒，述夫子語子游，謂人爲天地之心，五行之端，聖人制禮以達天道，順人情，其意善矣。然而遂以三代之治，爲大道既隱之事也。子夏之徒，述夫子語子夏者，以君子必達於禮樂之原，禮樂原於中之不容已，而志氣塞乎天地，其言禮樂之本亦至矣。然林放問禮之本，夫子告以寧儉寧戚而已。聖人非不欲以禮之出於自然者示人，而懼其知和而不以禮節也。由是言之，子游、子夏之徒所述者，未嘗無聖人之道存焉，而附益之不勝其弊也。夫言之弊，其始固存乎七十子，而其末遂極乎莊周之倫也。《莊子》之書，言「明於本數」及「知禮意」者，固即所謂達禮樂之原；而「配神明，醇天地」與「造化爲人」，亦志氣塞乎天地之旨。韓退之謂莊周之學出於子夏，殆其然與？周承孔氏之末流，乃有所窺見於道，而不聞中庸之義，不知所以裁之，遂恣其猖狂而無所極，豈非「知者過之」之爲害乎？其末《天下》一篇，爲其後序，所云「其在《詩》、《書》、《禮》、《樂》者，鄒魯之士縉紳先生多能明之」，意謂是道之末焉爾。若道之本，則有「不離於宗，謂之天人」者，周蓋以天人自處，故曰「上與造物者遊」，而序之居至人、聖人之上，其辭若是之不遜也。而蘇子瞻、王介甫乃謂其推尊聖人，自居於不該不徧一曲之士，其於莊生抑何遠哉？若郭象之注，昔人推爲特會莊生之旨，余觀之，特正始以來所謂清言耳，於周之意十失其四五。夫《莊子》五十二篇，固有後人雜入之語。今本經象所删，猶有雜入，其辭義可決其必非莊生所爲者。然則其十九篇，恐亦有真莊生之書，而爲象去之矣。余惜莊生之旨爲説者所晦，乃稍論之，爲《章義》凡若干卷。桐城姚鼐撰。

右姚先生《莊子章義》凡五卷。嘉慶辛未，新城陳氏刊於漢上，體例糅雜，又妄以意爲去取，甚失先生本旨。先生嘗以書譬曉之，而迫成不可改，並見《惜抱軒尺牘》。今六十有餘年矣，先生之學益大顯於世，單辭牘義，世率奉爲奇寶。遭寇既定，一二巨公悉舉所著書翻雕，獨是書初爲陳氏所亂，概未盛行，學者往往以不獲傳真爲憾。宗亮故從張氏校録，出自先生彌甥，較有依據，乃以付刊。顧先生著録未審何本，而陳氏載先生題《莊子翼》語，蓋不可復尋矣。今用通行世德堂本，凡先生增删改易，併注所從，則一仍之。先生自序無年月，亦無卷數，兹卷從陳氏，而陳氏序無發明，不具列云。光緒己卯春正月，邑後學徐宗亮記。

莊子章義附録

《章義》舊有圈點，陳氏校刊曰：「先生以爲時文陋體，必不可有。然嘗論他書圈點，啓發人意，有愈解説，竝見諸《尺牘》。」今援馬平王氏輯歸、方合評《史記》例，分章摘句，以明起止，爲《附録》一卷。兼取陳氏載先生題《莊子翼》語冠前，庶於先生初論不背，而亦足厭學者請益之心。朝三暮四，不免貽誚通識，非所恤已。宗亮再記。

《莊子翼》題語五則

《莊子》真是禪學，其詆孔子之徒，如以訶佛罵祖爲報佛恩，其意正儼然以教外別傳自居也。

子夏之後有田子方，昌黎之説本《史記·儒林列傳》，但未知田子方的是莊生之師不耳。然莊生的是從儒家來，故於儒者之教無不通曉。

儒家變而爲道者，莊周變而爲兵者，吴起變而爲墨者禽滑釐。

《莊子》於道言無不盡，殆所謂婆子心也。

《莊子》於理有太盡處，於文亦有太盡處，此亦是一病。

内篇逍遥遊第一

野馬也塵至是則已矣。連圈。且夫水之至蟲又何知。連點。若夫乘天至惡乎待哉。連圈。庖人雖不至而代之矣。連點。今子有五至之心也夫。連圈。子獨不見至不能執鼠。連點。今子有大至所困苦哉。連圈。

内篇齊物論第二

夫大塊噫至之翏翏乎。連點。山林之畏至之刁刁乎。連圈。大知閑閑至姚佚啓態。連點。樂出虚，蒸出菌。連圈。日夜相代至由以生乎。連點。其形化，其心與之然。連點。狙公賦芧至喜怒爲用。連點。天下莫大至與我爲一。連圈。既已爲一至況其凡乎。連點。庸詎知吾至試問乎女。連點。民溼寢則至之正色哉。連圈。予惡乎知至知歸者邪。連點。麗之姬艾至此大夢也。連圈。既使我與至待彼也邪。連點。罔兩問景至所以不然。連圈。昔者莊周至之謂物化。連圈。

内篇養生主第三

手之所觸至經首之會。連點。始臣之解至況大軱乎。連圈。良庖歲更至新發於硎。連點。彼節者有至刀而藏之。連圈。文惠君曰至得養生焉。連點。澤雉十步至王不善也。連點。適來夫子至知其盡也。連圈。

内篇人間世第四

夫徇耳目至而況人乎。連圈。是以夫事至生而惡死。連點。夫兩喜必至溢惡之言。連點。且以巧鬬至畢也必巨。連圈。剋核太至至知其然也。連點。彼且爲嬰至入於無疵。連圈。女不知夫至之美者也。連點。女不知夫至毁首碎胸。連點。意有所至，而愛有所亡。連圈。可不慎邪。連點。此果不材至此其大也。連點。嗟乎神人，以此不材。連圈。所以爲不至爲大祥也。連圈。夫支離其至其德者乎。連點。鳳兮鳳兮至德之衰也。連點。來者不可至不可追也。連圈。天下有道至僅免刑焉。連點。福輕乎羽至莫之知避。連圈。已乎已乎至畫地而趨。連點。迷陽迷陽至用之用也。連圈。

内篇德充符第五

死生亦大至守其宗也。連點。自其異者至猶遺土也。連圈。夫保始之至嘗死者乎。連點。先生之門至焉如此哉。連點。遊於羿之至中者命也。連點。人以其全至不亦過乎。連圈。適見㹠子至得類焉爾。連點。所愛其母至其形者也。連圈。戰而死者至無其本矣。連點。是必才全至不形者也。連點。闉跂支離至此謂誠忘。連點。

内篇大宗師第六

淒然似秋，煖然似春。連點。彼時以天至況其真乎。連圈。泉涸魚相至而化其道。連點。夫大塊載至善吾死也。連圈。夫藏舟於至者不知也。連點。特犯人之至可勝計邪。連點。偉哉夫造至此拘拘也。連點。嗟乎夫造至此拘拘也。連點。浸假而化至豈更駕哉。連圈。偉哉造化至奚以女適。連點。以女爲鼠至爲蟲臂乎。連圈。父母於子至善吾死也。連點。今大冶鑄至而不可哉。連圈。或編曲或至和而歌曰。連點。嗟來桑户至猶爲人猗。連圈。二人相視至惡知禮意。連點。彼方且與至地之一氣。連圈。彼以生爲至不知端倪。連點。芒然彷徨至之耳目哉。連圈。若化爲物至始覺者邪。連圈。是自其所至謂吾之乎。連點。且女夢爲至其夢者乎。連圈。則若歌若至舉其詩焉。連點。吾思夫使至者命也夫。連圈。

内篇應帝王第七

予方將與至予之心爲。連點。女遊心於至天下治矣。連點。

外篇駢拇第八

駢拇枝指至明之用也。連點。是故鳧脛至所去憂也。連點。且夫駢於至於憂一也。連點。自虞氏招至易其性與。連點。故此數子至爲殉一也。連點。臧與穀二至跖之非乎。連圈。天下盡殉至於其間哉。連點。

外篇馬蹏第九

馬蹏可以至直者應繩。連點。夫埴木之至矩鉤繩哉。連圈。然且世世至者之過也。連點。

夫殘樸以至樂之罪也。連點。

外篇胠篋第十

將爲胠篋至盜守者乎。連點。所盜者豈至法而盜之。連圈。故田成子至世有齊國。連點。則是不乃至賊之身乎。連圈。善人不得至天下也多。連圈。爲之斗斛至義而竊之。連點。彼竊鉤者至義聖知邪。連圈。夫弓弩畢至在於好知。連點。

外篇在宥第十一

自三代以至命之情哉。連點。而儒墨乃至桎梏之間。連點。至道之精至物將自壯。連圈。彼其物無至皆以爲極。連點。今夫百昌至我獨存乎。連圈。

外篇天地第十二

孝子不諛至尊於君邪。連點。知其愚者至惑者勝也。連點。而今也以至不亦悲乎。連圈。

外篇天道第十三

然則君之至糟魄已夫。連圈。斲輪徐則至而老斲輪。連點。古之人與至糟魄已夫。連圈。

外篇天運第十四

天其運乎至而披拂是。連圈。夫南行者至去之遠也。連點。夫德遺堯至仁孝乎哉。連點。吾奏之以至之以太清。連點。四時迭起至陰陽調和。連點。流光其聲至女故懼也。連圈。

吾又奏之至不主故常。連點。在谷滿谷至以物爲量。連圈。其聲揮綽至昏而無聲。連點。動於無方至不生常聲。連圈。天機不張至五官皆備。連圈。此之謂天至言而心説。連點。樂也者始至與之俱也。連點。夫芻狗之至且數眯焉。連點。古今非水至身必有殃。連點。彼未知夫至不窮者也。連圈。彼人之所至得罪於人。連圈。故譬三皇至皆可於口。連點。今取猿狙至而去之走。連點。彼知美矉至之所以美。連圈。惜乎而夫子其窮哉。連點。夫六經先至迹豈履哉。連圈。夫白鶂之至無自而可。連點。烏鵲孺魚至弟而兄嗁。連點。久矣夫丘至安能化人。連圈。

外篇刻意第十五

故曰聖人至循天之理。連圈。水之性不至德之象也。連點。

外篇秋水第十七

計人之所至能自得也。連圈。可以言論至期精粗焉。連點。以道觀之至趣操覩矣。連點。以道觀之至與道參差。連點。嚴乎若國至無所畛域。連圈。兼懷萬物至固將自化。連點。非謂其薄至之能害也。連點。牛馬四足至鼻是謂人。連圈。子不見夫至可勝數也。連點。今予動夫至其所以然。連圈。夫天機之至安用足哉。連圈。今子蓬蓬至聖人能之。連點。

外篇至樂第十八

察其始而至四時行也。連點。人且偃然至命故止也。連圈。檄以馬捶至故及此乎。連點。死無君於至不能過也。連點。唯予與女至予果歡乎。連點。

外篇達生第十九

凡有貌象至得而正焉。連點。夫醉者之至其神全也。連點。乘亦不知至全於天乎。連圈。復讎者不至不忿飄瓦。連點。五六月累至猶掇之也。連點。吾處身也至爲而不得。連圈。彼視淵若至其車卻也。連點。覆卻萬方至重者而拙。連圈。善養生者至者而鞭之。連圈。豹養其内至其後者也。連圈。夫畏塗者至戒者過也。連點。吾始乎故至以蹈之也。連圈。齊三曰而至也無公朝。連點。其巧專而至後加乎焉。連圈。不然則已。連點。忘足屨之至適之適也。連圈。

外篇山木第二十

周將處夫至不材之間。連點。無譽無訾至得而累邪。連圈。若夫萬物至德之鄉乎。連點。夫豐狐文至機辟之患。連點。是何罪之至君之皮邪。連圈。南越有邑至其死可葬。連點。君其涉於至自此遠矣。連圈。方舟而濟至惡聲隨之。連點。向也不怒至孰能害之。連圈。一之間無敢設也。連圈。道流而不至子何喜哉。連點。且君子之至人甘以絶。連點。

彼無故以至無故以離。連圈。

外篇田子方第二十一

昔之見我至是以歎也。連圈。仲尼見之至邪仲尼曰。連點。若夫人者至以容聲矣。連圈。日出東方至以是日徂。連點。吾終身與至所以著也。連圈。彼己盡矣至也亦甚忘。連點。雖然女奚至不忘者存。連圈。吾遊於物之初。連圈。至陰肅肅至乎其所窮。連圈。夫天下也至足以患心。連點。孔子出以至之大全也。連點。引之盈貫至昏無人曰。連點。夫至人者至也殆矣夫。連圈。

外篇知北遊第二十二

彼其真是至其知之也。連圈。若正女形至無求其故。連圈。正獲之間至每下愈況。連點。嘗相與吾至知其所窮。連點。可古猶今也。連圈。昔之昭然至神者求也。連圈。不以生生至於是者也。連圈。聖人處物至人相將迎。連點。山林與皋至物逆旅耳。連圈。夫知遇而至能所不能。連點。無知無能至知則淺矣。連圈。

雜篇庚桑楚第二十三

其臣之畫至畏壘大穰。連點。夫春氣發至杓之人邪。連點。大亂之本至相食者也。連圈。子何與人皆來之衆也。連圈。夫外韄者至而行者乎。連點。能抱一乎至能兒子乎。連

點。兒子終日至而同其波。連圈。兵莫憯於至則使之也。連圈。臘者之有至適其偃焉。連

點。蹍市人之至親則已矣。連圈。

雜篇徐無鬼第二十四

嘗語君吾至不知其所。連點。子不聞夫至人滋深乎。連點。夫逃虛空至君之側乎。連

圈。或者若魯至音之君已。連點。齊人蹢子至造於怨也。連點。郢人堊漫至之匠石曰。連

點。臣則嘗能至質死久矣。連圈。自夫子之至與言之矣。連點。我必先之至得而鬻之。連

點。嗟乎我悲至而日遠矣。連圈。藥也其實至爲帝者也。連圈。風之過河至而往者也。連

點。故足之於至之所謂也。連點。

雜篇則陽第二十五

有國於蝸至日而後反。連圈。君以意在至下有窮乎。連圈。知遊心於至存若亡乎。連

圈。通達之中至氏有辨乎。連圈。客出而君至若有亡也。連點。夫吹管也至猶一吷也。連

點。是聖人僕至自藏於畔。連點。其聲銷其至心未嘗言。連圈。方且與世至南宜僚邪。連

點。子乎子乎至後睹所爭。連點。今立人之至此此得乎。連圈。匿爲物而至而誅不至。連

點。未嘗不始至十九非也。連圈。萬物有乎至然與然乎。連點。

雜篇外物第二十六

荃者所以至與之言哉。連圈。

雜篇盜跖第二十九

平爲福有至其甚者也。連圈。

雜篇列禦寇第三十二

非女能使至而焉用之。連點。巧者勞而至遨遊者也。連圈。

雜篇天下第三十三

天下大亂至曲之士也。連圈。各爲其所至以自爲方。連點。悲夫百家至爲天下裂。連圈。不侈於後至風而説之。連點。以此教人至固不愛己。連點。墨翟禽滑至行則非也。連點。雖然墨子至才士也夫。連圈。不累於俗至風而説之。連點。雖然其爲至自爲太少。連點。公而不當至風而説之。連點。椎拍輐斷至苟可以免。連點。豪傑相與至適得怪焉。連點。彭蒙田駢至有聞者也。連圈。以本爲精至風而説之。連點。雖未至極至大真人哉。連圈。芴漠無形至風而説之。連點。獨與天地至倪於萬物。連圈。上與造物至始者爲友。連圈。卵有毛雞至終身無窮。連點。惜乎惠施至走也悲夫。連圈。

莊子章義卷一

内篇逍遥遊第一 五章。

北冥有魚，其名爲鯤。鯤之大，不知其幾千里也。化而爲鳥，其名爲鵬，鵬之背不知其幾千里也。怒而飛，其翼若垂天之雲。是鳥也，海運則將徙於南冥。南冥者，天池也。《齊諧》者，志怪者也。《諧》之言曰：「鵬之徙於南冥也，水擊三千里，摶扶摇而上者九萬里，去以六月息者也。息者，一呼吸也。鵬乘氣而往來，半年爲一呼吸，故曰以六月息。「野馬」三句，即申上「息」字義。野馬也，塵埃也，生物之以息相吹也。天之蒼蒼，其正色邪？其遠而無所至極邪？其視下也，亦若是則已矣。劉辰翁云：「其視下也，謂天也。已與造物爲人，而出於萬物之表，方見蒼蒼者之非正色，方知人世是非起滅、生死去來，不過如此爾。」此語得莊生意。且夫水之積也不厚，則負大舟也無力。覆杯水於坳堂之上，則芥爲之舟，置杯焉則膠，水淺而舟大也。風之積也不厚，則其負大翼也無力。故九萬里則風斯在下矣，而後乃今培風，背負青天，而莫之夭閼者，而後乃今將圖南。「水之積也」至「培風」，承「以息相吹」，言空際皆實氣所居，無空缺也。「背負青天」二句，承「天之蒼蒼」四句，言上下寥闊無邊際也。遊於此焉，與天地一矣。

蜩與學鳩笑之曰：「我決起而飛，搶榆枋，時則不至，而控於地而已矣，奚以之九萬里而南爲？」適莽蒼者，三餐而反，腹猶果然；適百里者，宿舂糧；適千里者，三月聚糧。之二蟲又何知？小知不及大知，小年不及大年，奚以知其然也？朝菌不知晦朔，蟪蛄不知春秋，此小年也。楚之南有冥靈者，以五百歲爲春，五百歲爲秋。上古有大椿者，以八千歲爲春，八千歲爲秋。而彭祖乃今以久特聞，衆人匹之，不亦悲乎？湯之問棘也是已。窮髮之北有冥海者，天池也。有魚焉，其廣數千里，未有知其修者，其名爲鯤。有鳥焉，其名爲鵬，背若泰山，翼若垂天之雲，摶扶摇羊角而上者九萬里，絶雲氣，負青天，然後圖南，且適南冥也。斥鴳笑之曰：「彼且奚適也？我騰躍而上，不過數仞而下，翱翔蓬蒿之間，此亦飛之至也。而彼且奚適也？」此小大之辯也。故夫知效一官，行比一鄉，德合一君，而徵一國者，其自視也亦若此矣。而宋榮子猶然笑之。且舉世而譽之而不加勸，舉世而非之而不加沮，定乎内外之分，辯乎榮辱之竟，斯已矣。彼其於世未數數然也。雖然，猶有未樹也。夫列子御風而行，泠然善也，旬有五日而後反。彼於致福者，未數數然也。此雖免乎行，猶有所待者也。若夫乘天地之正，而御六氣之辯，以遊無窮者，彼且惡乎待哉？故曰：至人無己，神人無功，聖人無名。

堯讓天下於許由，曰：「日月出矣，而爝火不息，其於光也，不亦難乎？時雨降矣，而猶浸灌，其於澤也，不亦勞乎？夫子立而天下治，而我猶尸之，吾自視缺然，請致天下。」許由曰：「子治天下，天下既已治也，而我猶代子，吾將爲名乎？名者，實之賓也，吾將爲賓乎？鷦鷯巢於深林，不過一枝，偃鼠飲河，不過滿腹。歸休乎君，予無所用天下爲。庖人雖不治庖，尸祝不越樽俎而代之矣。」肩吾問於連叔曰：「吾聞言於接輿，大而無當，往而不反。吾驚怖其言，猶河漢而無極也，大有逕庭，不近人情焉。」連叔曰：「其言謂何哉？」曰：「藐姑射之山，有神人居焉，肌膚若冰雪，淖約若處子。不食五穀，吸風飲露。乘雲氣，御飛龍，而遊乎四海之外。其神凝，使物不疵癘而年穀熟。吾以是狂而不信也。」連叔曰：「然。瞽者無以與乎文章之觀，聾者無以與乎鍾鼓之聲，豈惟形骸有聾盲哉？夫知亦有之。是其言也，猶時女也。之人也，之德也，將旁礴萬物以爲一，世蘄乎亂，孰弊弊焉以天下爲事？旁礴萬物以爲一，所謂合萬物爲己者，其惟聖人乎？亂，治也。世自化之，蘄乎治耳，非彼有意以天下爲事而治也。鼒爲是解，頃閱陸德明《音義》，亦以「世蘄」字連讀。之人也，物莫之傷，大浸稽天而不溺，大旱金石流、土山焦而不熱。是其塵垢粃糠，將猶陶鑄堯、舜者也，孰肯以物爲事？」宋人資章甫而適諸越，越人斷髮文身，無所用之。堯治天下之民，平海内之政，往見四子藐姑射之山，汾水之陽，窅然喪其天下焉。惠子謂莊子曰：「魏王貽我大瓠之種，我樹之成而實五石，以盛水漿，其堅不能自舉也。剖之以爲瓢，則瓠落無所容。非不呺然大也，吾爲其無用而掊之。」莊子曰：「夫子固拙於用大矣。宋人有善爲不龜手之藥者，世世以洴澼絖爲事。客聞之，請買其方百金。聚族而謀曰：『我世世爲洴澼絖，不過數金。今一朝而鬻技百金，請與之。』客得之，以説吴王。越有難，吴王使之將。冬，與越人水戰，大敗越人，裂地而封之。能不龜手一也，或以封，或不免於洴澼絖，則所用之異也。今子有五石之瓠，何不慮以爲大樽而浮乎江湖，而憂其瓠落無所容？則夫子猶有蓬之心也夫。」惠子謂莊子曰：「吾有大樹，人謂之樗。其大本擁腫而不中繩墨，其小枝卷曲而不中規矩。立之塗，匠者不顧。今子之言，大而無用，衆所同去也。」莊子曰：「子獨不見狸狌乎？卑身而伏，以候敖者，東西跳梁，不避高下，中於機辟，死於網罟。今夫斄牛，其大若垂天之雲。此能爲大矣，而不能執鼠。今子有大樹，患其無用，何不樹之於無何有之鄉，廣莫之野，彷徨乎無爲其側，逍遥乎寢臥其下。不夭斤斧，物無害者，無所可用，安所困苦哉？」

内篇齊物論第二 七章。

南郭子綦隱几而坐，仰天而噓，嗒焉似喪其耦。顏成子遊立侍乎前，曰：「何居乎？形固可使如槁木，而心固可使如死灰乎？今之隱几者，非昔之隱几者也。」子綦曰：「偃，不亦善乎，而問之也。今者吾喪我，一除我見，則物無不齊。女知之乎？女聞人籟而未聞地籟，女聞地籟而未聞天籟夫。」子游曰：「敢問其方。」子綦曰：「夫大塊噫氣，其名爲風，是唯無作，作則萬竅怒呺。而獨不聞之翏翏乎？山林之畏佳，大木百圍之竅穴，似鼻，似口，似耳，似枅，似圈，似臼，似洼者，似污者。激者，謞者，叱者，吸者，叫者，譹者，宎者，咬者，前者唱于而隨者唱喁。泠風則小和，飄風則大和，厲風濟則衆竅爲虛。而獨不見之調調、之刁刁乎？」子遊曰：「地籟則衆竅是已，人籟則比竹是已，敢問天籟。」喪我者，其聞衆竅比竹，舉是天籟。有我者聞之，祇是地籟人籟而已。子綦噫氣一，則指示人從聞思入處，極是親切，所言皆天籟也。子遊不悟，所謂見指不見月者也。子綦曰：「夫吹萬不同，而使其自己也。咸其自取，句。怒者其誰邪？大知閑閑，小知閒閒；大言炎炎，小言詹詹。其寐也魂交，其覺也形開，與接爲搆，日以心鬭。縵者，窖者，密者，小恐惴惴，大恐縵縵。其發若機栝，其司是非之謂也。其留如詛盟，其守勝之謂也。其殺如秋冬，以言其日消也。其溺之所爲之，不可使復之也。其厭也如緘，以言其老洫也。近死之心，莫使復陽也。喜怒哀樂，慮歎變慹，姚佚啓態。樂出虛，蒸成菌。日夜相代乎前，而莫知其所萌。已乎已乎，旦暮得此，其所由以生乎？此所謂我也。非彼無我，非我無所取。是亦近矣，而不知其所爲使。若有真宰，而特不得其眹。能得喜怒哀樂人情萬變之本，即真宰也。萬變所由生，凡語言皆天籟也。不能得，則逐情而喪真矣。或者欲弟求無彼無我，與物不相取，是亦近道。然是彭蒙、田駢、慎到之術，非真知道者。真知道者必求真宰。真宰者，不見其眹而無處不可見也。「百骸九竅」以下，又恐人不見真宰，反執妄心便爲真宰。此處正破儒者「心之官則思」義，言真君不在識解處也。可行已信，而不見其形，有情而無形。百骸、九竅、六藏，賅而存焉，吾誰與爲親？不能無我，豈特人己相爭哉？一身之內，肝膽楚越矣。女皆說之乎？其有私焉？如是皆有爲臣妾乎？其臣妾不足以相治乎？六用同原，焉有臣妾君臣哉？其遞相爲君臣乎？其有真君存焉。有真君則喪我矣，《田子方》篇「顔淵章」「日出東方」者，此真君也。如求得其情與不得，無益損乎其真。一受其成形，以下極言有我之病。不亡以待盡。其形存，則不能不以之待盡矣。必求得其情，則聰明之用、筋骸之勞，是不亡以待盡之道也。與物相刃相靡，其行盡如馳而莫之能止，不亦悲乎？終身役役而不見其成功，苶然疲役而不知其所歸，可不哀邪？人謂之不死，奚益？其形化，其心與之然，可不謂大哀乎？人之生也，固若是芒乎？其形化而心逐之，無復真宰，是芒然無知者矣。然人生本來豈若是芒哉？世自有覺者耳，然覺非隨其成心之謂也。其我獨芒，而人亦有不芒者乎？夫隨其成心而師之，誰獨且無師乎？奚必知代而心自取者有之？萬物相代乎前，知逐而生，是知代也。無端念動者，心自取也。二者皆妄耳。知代者，佛所謂六識也。心自取者，合藏識也。此皆是妄心，起滅無端，而人之言語率出於此。此與風之吹物何異焉？然則此亦地籟、人籟耳。欲聞天籟，從何處聞取？《楞嚴》説「聞所聞盡」處是也。愚者與有焉。未成乎心而有是非，是今日適越而昔至也。是以無有爲有。無有爲有，雖有神禹，且不能知，吾獨且奈何哉？夫言非吹也，言者有言，其所言者特未定也。果有言邪？其未嘗有言邪？其以爲異於鷇音，亦有辯乎？其無辯乎？」南郭子綦言止於此。

道惡乎隱而有真僞？言惡乎隱而有是非？道惡乎往而不存？言惡乎存而不可？道隱於小成，言隱於榮華。故有儒墨之是非，以是其所非而非其所是。欲是其所非而非其所是，則莫若以明。物無非彼，物無非是。自彼則不見，自知則知之。故曰彼出於是，是亦因彼。彼是方生之説也，方生者，言人心方嚮之也。方生則因是之，未幾人心不嚮，又因非之，未幾而又因是之。雖然，方生方死，方死方生，方可方不可，方不可方可，因是因非，因非因是。是以聖人不由而照之於天，亦因是也。是亦彼也，彼亦是也。彼亦一是非，此亦一是非。果且有彼是乎哉？果且無彼是乎哉？彼是莫得其偶，謂之道樞。樞始得其環中，以應無窮。是亦一無窮，非亦一無窮也。故曰莫若以明。以指喻指之非指，不若以非指喻指之非指也。以馬喻馬之非馬，不若以非馬喻馬之非馬也。天地一指也，萬物一馬也。可乎可，不可乎不可。道行之而成，物謂之而然。惡乎然？然於然。惡乎不然？不然於不然。物固有所然，物固有所可。無物不然，無物不可。故爲是舉莛與楹，厲與西施，恢恑憰怪，道通爲一。其分也成也，其成也毀也。凡物無成與毀，復通爲一。唯達者知通爲一，爲是不用而寓諸庸。庸也者，用也；用也者，通也；通也者，得也；適得而幾矣，因是已。句。已而不知其然謂之道。上「已」字，語辭。下「已」字，此也，其訓見《爾雅》，惟《莊子》常用之，猶言「如此」也。勞神明爲一，而不知其同也，謂之朝三。何謂朝三？曰：狙公賦芧，曰：「朝三而暮四。」衆狙皆怒。曰：「然則朝四而暮三。」衆狙皆説。名實未虧，而喜怒爲用，亦因是也。是以聖人和之以是非，而休乎天鈞，是之謂兩行。古之人，其知有所至矣。惡乎至？有以爲未始有物者，至矣，盡矣，不可以加矣。其次以爲有物矣，而未始有封也。其次以爲有封焉，而未始有是非也。是非之彰也，道之所以虧也。道之所以虧，愛之所以成。果且有成與虧乎哉？果且無成與虧乎哉？有成與虧，故昭氏之鼓琴也；無成與虧，故昭氏之不鼓琴也。昭文之鼓琴也，師曠之枝策也，惠子之據梧也，三子之知幾乎，皆其盛者也，故載之末年。惟其好之也以異於彼，其好之也欲以明之。彼非所明而明之，故以堅白之昧終。言三子自以所好，而人不能知，是異於彼。而又欲以己所好告之人，是明之彼。然卒不能明，是無成也。而其子又以文之綸終，終身無成。若是而可謂成乎？雖我亦成也。若是而不可謂成乎？物與我無成也。是故滑疑之耀，聖人之所圖也。爲是不用而寓諸庸，此之謂以明。今且有言於此，不知其與是類乎？其與是不類乎？「是」即此「齊物論」也。夫有言則有是非，以莊子之多言，而求泯人之是非，夫何異抱薪而救火邪？故下文有無謂之説。《寓言》篇「不言則齊」數句，即此義。類與不類，相與爲類，則與彼無以異矣。雖然，請嘗言之。有始也者，有未始有始也者，有未始有夫未始有始也者。有有也者，有無也者，有未始有無也者，有未始有夫未始有無也者。俄而有無矣，而未知有無之果孰有孰無也。今我則已有謂矣，而未知吾所謂之其果有謂乎？其果無謂乎？天下莫大於秋豪之末，而泰山爲小；莫壽乎殤子，而彭祖爲夭。天地與我並生，而萬物與我爲一。既已爲一矣，且得有言乎？既已謂之一矣，且得無言乎？一與言爲二，二與一爲三，自此以往，巧歷不能得，而況其凡乎？故自無適有以至於三，而況自有適有乎？無適焉，因是已。夫道未始有封，言未始有常，爲是而有畛也。請言其畛：有左有右，有倫有義，有分有辯，有競有爭，此之謂八德。六合之外，聖人存而不論；六合之内，聖人論而不議；《春秋》經世先王之志，聖人議而不辯。故分也者，有不分也；辯也者，有不辯也。曰：何也？聖人懷之，衆人辯之以相示也。故曰辯也者，有不見也。夫大道不稱，大辯不言，大仁不仁，大廉不嗛，大勇不忮。道昭而不道，言辯而不及，仁常而不成，廉清而不信，勇忮而不成。五者园而幾向方矣。故知止其所不知，至矣。孰知不言之辯，不道之道？若有能知，此之謂天府。注焉而不滿，酌焉而不竭，而不知其所由來，此之謂葆光。故昔者堯問於舜曰：「我欲伐宗、膾、胥敖，南面而不釋然。其故何也？」舜曰：「夫三子者，猶存乎蓬艾之間。若不釋然，何哉？昔者十日並出，萬物皆照，而況德之進乎日者乎？」齧缺問乎王倪曰：「子知物之所同是乎？」曰：「吾惡乎知之？」「子知子之所不知邪？」曰：「吾惡乎知之？」「然則物無知邪？」曰：「吾惡乎知之？雖然，嘗試言之。庸詎知吾所謂知之非不知邪？庸詎知吾所謂不知之非知邪？且吾嘗試問乎女，民溼寢則腰疾偏死，鰌然乎哉？木處則惴慄恂懼，猨猴然乎哉？三者孰知正處？民食芻豢，麋鹿食薦，蝍蛆甘帶，鴟鴉耆鼠，四者孰知正味？猨猵狙以爲雌，麋與鹿交，鰌與魚遊。毛嬙麗姬，人之所美也，魚見之深入，鳥見之高飛，麋鹿見之決驟，四者孰知天下之正色哉？自我觀之，仁義之端，是非之塗，樊然殽亂，吾惡能知其辯？」齧缺曰：「子不知利害，則至人固不知利害乎？」王倪曰：「至人神矣，大澤焚而不能熱，河漢沍而不能寒，疾雷破山風振海而不能驚。若然者，乘雲氣，騎日月，而遊乎四海之外。死生無變於己，而況利害之端乎？」瞿鵲子問乎長梧子曰：「吾聞諸夫子，聖人不從事於務，不就利，不違害，不喜求，不緣道，無謂有謂，有謂無謂，而遊乎塵垢之外。夫子以爲孟浪之言，而我以爲妙道之行也。吾子以爲奚若？」長梧子曰：「是黄帝之所聽熒也，而丘也何足以知之？且女亦大早計，見卵而求時夜，見彈而求鴞炙。吾嘗爲女妄言之，女以妄聽之。奚王伯厚以「奚」字絶句，云張文潛銘商瑶曰「造物則奚」，句法本此。旁日月，挾宇宙，爲其脗合，置其滑涽，以隸相尊。衆人役役，聖人愚芚，參萬歲而一成純。萬物盡然，而以是相蘊。予惡乎知説生之非惑邪？予惡乎知惡死之非弱喪而不知歸者邪？麗之姬，艾封人之子也。晉國之始得之也，涕泣沾襟。及其至於王所，與王同筐牀，食芻豢，而後悔其泣也。予惡乎知夫死者不悔其始之蘄生乎？夢飲酒者，旦而哭泣；夢哭泣者，旦而田獵。方其夢也，不知其夢也。夢之中，又占其夢焉，覺而後知其夢也。且有大覺而後知此大夢也，而愚者自以爲覺，竊竊然知之。君乎，牧乎，固哉。丘也與女，皆夢也；予謂女夢，亦夢也。是其言也，其名爲弔詭。萬世之後而一遇大聖，知其解者，是旦暮遇之也。既使我與若辯矣，若勝我，我不若勝，若果是也，我果非也邪？我勝若，若不吾勝，我果是也，而果非也邪？其或是也，其或非也邪？其俱是也，其俱非也邪？我與若不能相知也，則人固受其黮闇，吾誰使正之？使同乎若者正之，既與若同矣，惡能正之？使同乎我者正之，既同乎我矣，惡能正之？使異乎我與若者正之，既異乎我與若矣，惡能正之？使同乎我與若者正之，既同乎我與若矣，惡能正之？然則我與若與人，俱不能相知也，而待彼也邪？

何謂和之以天倪？曰：是不是，然不然。是若果是也，則是之異乎不是也亦無辯。然若果然也，則然之異乎不然也亦無辯。化聲之相待，若其不相待。和之以天倪，因之以曼衍，所以窮年也。忘年忘義，振於無竟，故寓諸無竟。甫疑此章是雜篇《寓言》章末錯入於此處。

罔兩問景曰：「曩子行，今子止；曩子坐，今子起，何其無特操與？」景曰：「吾有待而然者邪？吾所待又有待而然者邪？吾待蛇蚹蜩翼邪？惡識所以然？惡識所以不然？」昔者莊周夢爲胡蝶，栩栩然胡蝶也。自喻適志與，不知周也。俄然覺，則蘧蘧然周也。不知周之夢爲胡蝶與，胡蝶之夢爲周與？周與胡蝶則必有分矣，此之謂物化。

内篇養生主第三四章。

吾生也有涯，而知也無涯。以有涯隨無涯，殆已。已而已而之「已」，此也。爲知者，殆而已矣。爲善無近名，爲惡無近刑，緣督以爲經，可以保身，可以全生，可以養親，可以盡年。

庖丁爲文惠君解牛，手之所觸，肩之所倚，足之所履，膝之所踦，砉然嚮然，奏刀騞然，莫不中音，合於《桑林》之舞，乃中《經首》之會。文惠君曰：「譆，善哉。技蓋至此乎？」庖丁釋刀對曰：「臣之所好者，道也，進乎技矣。始臣之解牛之時，所見無非牛者，三年之後，未嘗見全牛也。方今之時，臣以神遇而不以目視，官知止而神欲行，依乎天理，批大郤，導大窾，因其固然。技經肯綮之未嘗，而況大軱乎？良庖歲更刀，割也。族庖月更刀，折也。今臣之刀十九年矣，所解數千牛矣，而刀刃若新發於硎。彼節者有間，而刀刃者無厚，以無厚入有間，恢恢乎其於遊刃必有餘地矣，是以十九年而刀刃若新發於硎。雖然，每至於族，吾見其難爲，怵然爲戒，視爲止，行爲遲，動刀甚微，謋然已解，如土委地。提刀而立，爲之四顧，爲之躊躇滿志，善刀而藏之。」文惠君曰：「善哉。吾聞庖丁之言，得養生焉。」莊子欲人善惡兩無所居，然則究安所處？緣督爲經，豈無可奈何，脱空語哉！依乎天理，離去善惡，此間正有餘地，故引庖丁以解緣督之義。

公文軒見右師而驚曰：「是何人也？惡乎介也？天與？其人與？」曰：「天也，非人也。天之生是使獨也，人之貌有與也。以是知其天也，非人也。」澤雉十步一啄，百步一飲，不蘄畜乎樊中。神雖王，不善也。養生者，非養其血肉之軀也。以此身與萬物爲一，則死生不知所擇，而況遺其一足邪？苟以七尺之軀自隘，是猶雉之畜乎樊中，以是自養，烏知養生哉？

老聃死，秦失弔之，三號而出。弟子曰：「非夫子之友邪？」曰：「然。」「然則弔焉若此可乎？」曰：「然。始也吾以爲其人也，而今非也。向吾入而弔焉，有老者哭之，如哭其子，少者哭之，如哭其母。彼其所以會之，必有不蘄言而言，不蘄哭而哭者。是遯天倍情，忘其所受，古者謂之遯天之刑。適來，夫子時也，適去，夫子順也。安時而處順，哀樂不能入也，古者謂是帝之縣解。」指窮於爲薪，火傳也，不知其盡也。此即《列禦寇》篇感豫出異之旨，注家謂《莊子》必不更譏老子，於是迂謬其說，都於文理不通。此莊子所嘆安得忘言之人與之言哉。

内篇人間世第四 七章。

顏回見仲尼，請行。曰：「奚之？」曰：「將之衛。」曰：「奚爲焉？」曰：「回聞衛君，衛君，司馬彪以爲蒯聵，陸德明以爲輒，皆非也。莊生託辭，正以指同時，若梁惠王糜爛其民者耳。春秋君未若是惡也。其年壯，其行獨，輕用其國而不見其過，輕用民死，死者以國量乎澤若蕉，民其無如矣。回嘗聞之夫子曰：『治國去之，亂國就之。醫門多疾。』願以所聞思其則，庶幾其國有瘳乎。」仲尼曰：「譆，若殆往而刑耳。夫道不欲雜，雜則多，多則擾，擾則憂，憂而不救。古之至人，先存諸己而後存諸人。所存於己者未定，何暇至於暴人之所行？且若亦知夫德之所蕩而知之所爲出乎哉？德蕩乎名，知出乎爭。名也者，相札也。知也者，爭之器也。二者凶器，非所以盡行也。且德厚信矼，未達人氣；名聞不爭，未達人心。而彊以仁義繩墨之言術暴人之前者，術同述。是以人惡有其美也，命之曰菑人。菑人者，人必反菑之。若殆爲人菑夫。且苟爲說賢而惡不肖，惡用而求有以異？若唯無詔，王公必將乘人而鬬其捷。而目將熒之，而色將平之，口將營之，容將形之，心且成之。是以火救火，以水救水，名之曰益多。順始無窮，若殆以不信厚言，必死於暴人之前矣。且昔者桀殺關龍逢，紂殺王子比干，是皆修其身以下傴拊人之民，以下拂其上者也。故其君因其修以擠之，是好名者也。昔者堯攻叢枝、胥、敖，禹攻有扈，國爲虚厲，身爲刑戮。其用兵不止，其求實無已，是皆求名實者也，無道之人，彼自以爲是，堯、禹所不能化，故至於用兵。而獨不聞之乎？名實者，聖人之所不能勝也，而况若乎？雖然，若必有以也，嘗以語我來。」顔回曰：「端而虚，勉而一，則可乎？」曰：「惡，惡可？夫以陽爲充孔揚，采色不定，常人之所不違，因案人之所感，以求容與其心，名之曰日漸之德不成，而况大德乎？案人之所感者，暴君聞正言亦有感動處，而旋自案止以求自恣，故雖君子欲以誠敬格君，而終不可化。宋哲宗於伊川是也。將執而不化，外合而内不訾，其庸詎可乎？」訾，量也。聞君子之言，外若不違，而内不度量其義。「然則我内直而外曲，成而上比。内直者，與天爲徒。與天爲徒者，知天子之與己，皆天之所子，而獨以己言蘄乎而人善之，蘄乎而人不善之邪？若然者，人謂之童子，是之謂與天爲徒。外曲者，與人之爲徒也。擎跽曲拳，人臣之禮也，人皆爲之，吾敢不爲邪？爲人之所爲者，人亦無疵焉，是之謂與人爲徒。成而上比者，與古爲徒。其言雖教，讁之實也，古之有也，非吾有也。若然者，雖直不爲病，是之謂與古爲徒。若是則可乎？」仲尼曰：「惡，惡可？大多政法而不諜，雖固亦無罪。雖然，止是耳矣，夫胡可以及化？猶師心者也。」顔回曰：「吾無以進矣，敢問其方。」仲尼曰：「齊，吾將語若。有而爲之，其易邪？易之者，皞天不宜。」顔回曰：「回之家貧，惟不飲酒不茹葷者數月矣，若此，則可以爲齊乎？」曰：「是祭祀之齊，非心齊也。」回曰：「敢問心齊。」仲尼曰：「若一志，無聽之以耳，而聽之以心，無聽之以心，而聽之以氣。聽止於耳，心止於符。氣也者，虛而待物者也。唯道集虛，虛者，心齊也。」顏回曰：「回之未始得使，實自回也。得使之也，未始有回也，可謂虛乎？」夫子曰：「盡矣。吾語若：若能入遊其樊而無感其名，入則鳴，不入則止。無門無毒，崔譔本作「無毎」，云：貪也。鼒按：止、每、已爲韻。一宅而寓於不得已，則幾矣。絶迹易，無行地難。爲人使易以僞，爲天使難以僞。聞以有翼飛者矣，未聞以無翼飛者也。聞以有知知者矣，未聞以無知知者也。瞻彼闋者，虛室生白，吉祥止止。夫且不止，是之謂坐馳。夫狗耳目内通而外於心知，鬼神將來舍，而況人乎？是萬物之化也，禹、舜之所紐也，伏戲、几蘧之所行終，而況散焉者乎？」

葉公子高將使於齊，問於仲尼曰：「王使諸梁也甚重，齊之待使者，蓋將甚敬而不急。匹夫猶未可動也，而况諸侯乎？吾甚慄之。子嘗語諸梁也曰：『凡事若小若大，寡不道以懽成。事若不成，則必有人道之患；事若成，則必有陰陽之患。若成若不成而後無患者，惟有德者能之。』吾食也執粗而不臧，爨無欲清之人。今吾朝受命而夕飲冰，我其内熱與？吾未至乎事之情，而既有陰陽之患矣。事若不成，必有人道之患。是兩也，爲人臣者，不足以任之，子其有以語我來？」仲尼曰：「天下有大戒二：其一命也，其一義也。子之愛親，命也，不可解於心。臣之事君，義也，無適而非君也，無所逃於天地之間。是之謂大戒。是以夫事其親者，不擇地而安之，孝之至也。夫事其君者，不擇事而安之，忠之盛也。自事其心者，哀樂不易施乎前，知其不可奈何而安之若命，德之至也。爲人臣子者，固有所不得已，行事之情而忘其身，何暇至於説生而惡死？夫子其行可矣。丘請復以所聞：凡交近則必相靡以信，遠則必忠之以言，言必或傳之。夫傳兩喜兩怒之言，天下之難者也。夫兩喜必多溢美之言，兩怒必多溢惡之言。凡溢之類妄，妄則其信之也莫，莫則傳言者殃。故法言曰：『傳其常情，無傳其溢言，則幾乎全。』且以巧鬬力者，始乎陽，常卒乎陰，泰至則多奇巧。以禮飲酒者，始乎治，常卒乎亂，泰至則多奇樂。凡事亦然，始乎諒，常卒乎鄙；其作始也簡，其將畢也必巨。言者風波也，行者實喪也。夫風波易以動，實喪易以危。故忿設無由，巧言偏辭。獸死不擇音，氣息茀然，於是並生心厲。剋核太至，則必有不肖之心應之而不知其然也。苟爲不知其然也，孰知其所終？故法言曰：『無遷令，無勸成。過度益也。』遷令勸成殆事。美成在久，惡成不及改，可不慎與？且夫乘物以遊心，託不得已以養中，至矣。何作爲報也？莫若爲致命，此其難者。」

顔闔將傅衛靈公太子，而問於蘧伯玉曰：「有人於此，其德天殺。與之爲無方則危吾國，與之爲有方則危吾身。其知適足以知人之過，而不知其所以過。若然者，吾奈之何？」蘧伯玉曰：「善哉問乎。戒之慎之，正女身哉。形莫若就，心莫若和。雖然，之二者有患。就不欲入，和不欲出。形就而入，且爲顛爲滅，爲崩爲蹶；心和而出，且爲聲爲名，爲妖爲孽。彼且爲嬰兒，亦與之爲嬰兒；彼且爲無町畦，亦與之爲無町畦；彼且爲無崖，亦與之爲無崖。達之，入於無疵。女不知夫螳螂乎？怒其臂以當車轍，不知其不勝任也，是其才之美者也。戒之慎之，積伐而美者以犯之，幾矣。女不知夫養虎者乎？不敢以生物與之，爲其殺之之怒也；不敢以全物與之，爲其決之之怒也；時其飢飽，達其怒心。虎之與人異類，而媚養己者，順也，故其殺者，逆也。夫愛馬者，以筐盛矢，以蜄盛溺。適有蚊虻僕緣，而拊之不時，則缺銜毁首碎胸。意有所至，而愛有所亡，可不慎邪？」

匠石之齊，至乎曲轅，見櫟社樹。其大蔽牛，絜之百圍，其高臨山十仞而後有枝，其可以爲舟者旁十數。觀者如市，匠石不顧，遂行不輟。弟子厭觀之，走及匠石，曰：「自吾執斧斤以隨夫子，未嘗見材如此其美也。先生不肯視，行不輟，何邪？」曰：「已矣，勿言之矣。散木也。以爲舟則沈，以爲棺槨則速腐，以爲器則速毁，以爲門户則液樠，以爲柱則蠹，是不材之木也。無所可用，故能若是之壽。」匠石歸，櫟社見夢曰：「女將惡乎比予哉？若將比予於文木邪？夫柤梨橘柚果蓏之屬，實熟則剥，剥則辱，大枝折，小枝泄。此以其能苦其生者也，故不終其天年而中道夭，自掊擊於世俗者也。物莫不若是。且予求無所可用久矣，幾死，乃今得之，爲予大用。使予也而有用，且得有此大也邪？且也若與予也皆物也，奈何哉其相物也？而幾死之散人，又惡知散木？」匠石覺而診其夢，弟子曰：「趣取無用，則爲社何邪？」曰：「密，此文即如《田子方》篇仲尼曰：「默。女無言。」密、默字通。《達生》篇「公密而不應」。若無言。彼亦直寄焉，以爲不知己者詬厲也。不爲社者，且幾有翦乎。且也彼其所保與衆異，而以義譽之，不亦遠乎？」

南伯子綦遊乎商之邱，見大木焉，有異，結駟千乘，隱將芘其所藾。子綦曰：「此何木也哉？此必有異材夫。」仰而視其細枝，則拳曲而不可以爲棟梁；俯而視其大根，則軸解而不可以爲棺槨；咶其葉，則口爛而爲傷；嗅之，則使人狂酲三日而不已。子綦曰：「此果不材之木也，以至於此其大也。嗟乎神人，以此不材。」宋有荊氏者，宜楸柏桑。其拱把而上者，求狙猴之杙者斬之；三圍四圍，求高名之麗者斬之；七圍八圍，貴人富商之家求樿傍者斬之。故未終其天年，而中道之夭於斧斤，此材之患也。故解之以牛之白顙者，與豚之亢鼻者，與人有痔病者，不可以適河。此皆巫祝以知之矣，所以爲不祥也。此乃神人之所以爲大祥也。

支離疏者，頤隱於齊，肩高於頂，會撮指天，五管在上，兩髀爲脅。挫鍼治繲，足以餬口；鼓筴播精，足以食十人。上徵武士，則支離攘臂於其間；上有大役，則支離以有常疾不受功；上與病者粟，則受三鍾與十束薪。夫支離其形者，猶足以養其身，終其天年，又況支離其德者乎？

孔子適楚，楚狂接輿遊其門曰：「鳳兮鳳兮，何如德之衰也。來世不可待，往世不可追也。天下有道，聖人成焉；天下無道，聖人生焉；方今之時，僅免刑焉。福輕乎羽，莫之知載；禍重乎地，莫之知避。已乎已乎，臨人以德。殆乎殆乎，畫地而趨。迷陽迷陽，無傷吾行。吾行卻曲，無傷吾足。」山木，自寇也；膏火，自煎也。桂可食，故伐之；漆可用，故割之。人皆知有用之用，而莫知無用之用也。

内篇德充符第五 六章。

魯有兀者王駘，從之遊者與仲尼相若。常季問於仲尼曰：「王駘，兀者也，從之遊者與夫子中分魯。立不教，坐不議，虛而往，實而歸。固有不言之教，無形而心成者邪？是何人也？」仲尼曰：「夫子，聖人也，丘也直後而未往耳。丘將以爲師，而況不若丘者乎？奚假魯國，丘將引天下而與從之。」常季曰：「彼兀者也，而王先生，其與庸亦遠矣。若然者，其用心也獨若之何？」仲尼曰：「死生亦大矣，而不得與之變。雖天地覆墜，亦將不與之遺。審乎無假而不與物遷，命物之化而守其宗也。」常季曰：「何謂也？」仲尼曰：「自其異者視之，肝膽楚越也；自其同者視之，萬物皆一也。夫若然者，且不知耳目之所宜，而遊心乎德之和。物視其所一，而不見其所喪，視喪其足猶遺土也。」常季曰：「彼爲己，以其知得其心，以其心得其常心。物何爲最之哉？」仲尼曰：「人莫鑑於流水而鑑於止水，惟止能止衆止。句。受命於地，惟松柏獨也正在，句。「正」字從張君房本增。冬夏青青；句。受命於天，句。惟堯舜獨也正，在萬物之首。句。「堯」字、「在萬物之首」五字，均從張君房本增。幸能正生，以正衆生。夫保始之徵，不懼之實。勇士一人，雄入於九軍。將求名而能自要者而猶若是，而況官天地，府萬物，直寓六骸，象耳目，一知之所知而心未嘗死者乎？彼且擇日而登假，人則從是也。彼且何肯以物爲事乎？」

申徒嘉，兀者也，而與鄭子産同師於伯昬無人。子産謂申徒嘉曰：「我先出則子止，子先出則我止。」其明日，又與合堂同席而坐。子産謂申徒嘉曰：「我先出則子止，子先出則我止。今我將出，子可以止乎？其未邪？且子見執政而不違，子齊執政乎？」申徒嘉曰：「先生之門，固有執政焉如此哉？子而説子之執政而後人者也？聞之曰：『鑑明則塵垢不止，止則不明也。久與賢人處則無過。』今子之所取大者，先生也，而猶出言若是，不亦過乎？」子産曰：「子既若是矣，猶與堯爭善。計子之德，不足以自反邪？」申徒嘉曰：「自狀其過，以不當亡者衆；不狀其過，以不當存者寡。知不可奈何而安之若命，惟有德者能之。遊於羿之彀中，中央者，中地也，然而不中者，命也。人以其全足笑吾不全足者衆矣，我怫然而怒，而適先生之所，則廢然而反。不知先生之洗我以善邪？吾與夫子遊十九年，而未嘗知吾兀者也。今子與我遊於形骸之内，而子索我於形骸之外，不亦過乎？」子産蹵然改容更貌曰：「子無乃稱。」

魯有兀者叔山無趾，踵見仲尼。仲尼曰：「子不謹，前既犯患若是矣，雖今來，何及矣？」無趾曰：「吾唯不知務而輕用吾身，吾是以亡足。今吾來也，猶有尊足者存，吾是以務全之也。夫天無不覆，地無不載，吾以夫子爲天地，安知夫子之猶若是也。」孔子曰：「丘則陋矣。夫子胡不入乎？請講以所聞。」無趾出，孔子曰：「弟子勉之。夫無趾，兀者也，猶務學以復補前行之惡，而況全德之人乎？」無趾語老聃曰：「孔丘之於至人，其未邪？彼何賓賓以學子爲？彼且蘄以諔詭幻怪之名聞，不知至人之以是爲己桎梏邪？」老聃曰：「胡不直使彼以死生爲一條，以可不可爲一貫者，解其桎梏，其可乎？」無趾曰：「天刑之，安可解？」

魯哀公問於仲尼曰：「衛有惡人焉，曰哀駘它。丈夫與之處者，思而不能去也。婦人見之，請於父母曰『與人爲妻，寧爲夫子妾』者，十數而未止也。未嘗有聞其唱者也，常和人而已矣。無君人之位以濟乎人之死，無聚祿以望人之腹，又以惡駭天下，和而不唱，知不出乎四域，且而雌雄合乎前，是必有異乎人者也。寡人召而觀之，果以惡駭天下。與寡人處，不至以月數，而寡人有意乎其爲人也；不至乎期年，而寡人信之。國無宰，而寡人傳國焉。悶然而後應，氾而若辭。寡人醜乎，卒授之國。無幾何也，去寡人而行，寡人卹焉若有亡也，若無與樂是國也。是何人者也？」仲尼曰：「丘也嘗使於楚矣。適見㹠子食於其死母者，少焉眴若，皆棄之而走。不見己焉爾，不得類焉爾。所愛其母者，非愛其形也，愛使其形者也。戰而死者，其人之葬也不以翣資；刖者之屨，無爲愛之，皆無其本矣。爲天子之諸御，不爪翦，不穿耳；取妻者止於外，不得復使。形全猶足以爲爾，而況全德之人乎？今哀駘它未言而信，無功而親，使人授己國，惟恐其不受也，是必才全而德不形者也。」哀公曰：「何謂才全？」仲尼曰：「死生、存亡、窮達、貧富、賢與不肖、毁譽、飢渴、寒暑，是事之變，命之行也。日夜相代乎前，而知不能規乎其始者也。故不足以滑和，不可入於靈府。使之和豫通而不失於兑，劉辰翁云：兑即《老子》「塞其兑」之「兑」，正是要義，如醫家脱證。日夜無郤，正謂此也。使日夜無郤而與物爲春，是接而生時於心者也。是之謂才全。」「何謂德不形？」曰：「平者，水停之盛也。其可以爲法也，内保之而外不蕩也。德者，成和之修也。德不形者，物不能離也。」哀公異日以告閔子曰：「始也吾以南面而君天下，執民之紀而憂其死，吾自以爲至通矣。今吾聞至人之言，恐吾無其實，輕用吾身而亡吾國。吾與孔丘，非君臣也，德友而已矣。」

闉跂支離無脤説衛靈公，靈公説之，而視全人，其脰肩肩。甕盎大癭説齊桓公，桓公説之，而視全人，其脰肩肩。故德有所長而形有所忘，人不忘其所忘而忘其所不忘，此謂誠忘。故聖人有所遊，而知爲孽，約爲膠，德爲接，工爲商。聖人不謀，惡用知？不斲，惡用膠？無喪，惡用德？不貨，惡用商？四者天鬻也，天鬻也者天食也，既受食於天，又惡用人？有人之形，無人之情。有人之形，故群於人；無人之情，故是非不得於身。眇乎小哉，所以屬於人也。謷乎大哉，獨成其天。

惠子謂莊子曰：「人故無情乎？」莊子曰：「然。」惠子曰：「人而無情，何以謂之人？」惠子曰：「既謂之人，惡得無情？」莊子曰：「是非吾所謂情也。吾所謂無情者，言人之不以好惡内傷其身，常因自然而不益生也。」惠子曰：「不益生，何以有其身？」莊子曰：「道與之貌，天與之形，無以好惡内傷其身。今子外乎子之神，勞乎子之精，倚樹而吟，據槁梧而瞑。天選子之形，子以堅白鳴。」

選與撰同，具也。

内篇大宗師第六十章。

知天之所爲，知人之所爲者，至矣。知天之所爲者，天而生也。知人之所爲者，以其知之所知以養其知之所不知，終其天年而不中道夭者，是知之盛也。雖然，有患。夫知有所待而後當，其所待者特未定也。庸詎知吾所謂天之非人乎？所謂人之非天乎？且有真人而後有真知。何謂真人？古之真人，不逆寡，不雄成，不謨士。若然者，過而弗悔，當而不自得也。若然者，登高不慄，入水不濡，入火不熱。是知之能登假於道也若此。古之真人，其寢不夢，其覺無憂，其食不甘，其息深深。真人之息以踵，衆人之息以喉。屈服者，其嗌言若哇。其耆欲深者，其天機淺。古之真人，不知説生，不知惡死。其出不訢，其入不距。翛然而往，翛然而來而已矣。不忘其所始，不求其所終。受而喜之，忘而復之。是之謂不以心捐道，不以人助天，是之謂真人。若然者，其心志，其容寂，其顙頯。淒然似秋，煖然似春，喜怒通四時，與物有宜而莫知其極。故聖人之用兵也，亡國而不失人心；利澤施乎萬世，不爲愛人。故樂通物，非聖人也；有親，非仁也；天時，非賢也；利害不通，非君子也；行名失己，非士也；亡身不真，非役人也。若狐不偕、務光、伯夷、叔齊、箕子、胥餘、紀他、申徒狄，是役人之役，適人之適，而不自適其適者也。

古之真人，其狀義而不朋，若不足而不承；與乎其觚而不堅也，當作「堅而不觚」，以韻求之亦是。張乎其虚而不華也；邴邴乎其似喜乎，崔乎其不得已乎；滀乎進我色也，與乎止我德也；厲乎其似世乎，謷乎其未可制也；連乎其似好閉也〔一〕，悗乎忘其言也。以刑爲體，以禮爲翼，以知爲時，以德爲循。以刑爲體者，綽乎其殺也。以禮爲翼者，所以行於世也。以知爲時者，不得已於事也。以德爲循者，言其與有足者至於邱也，而人真以爲勤行者也。邱，大也。既有足則自行，行而至於遠；有身則自修，修而至於大。德豈有意於勤行哉？率性而已矣。故其好之也一，其弗好之也一；其一也一，其不一也一。其一與天爲徒，其不一與人爲徒，天與人不相勝也，是之謂真人。

死生，命也。其有夜旦之常，天也。人之有所不得與，皆物之情也。彼特以天爲父，而身猶愛之，而况其卓乎？人特以有君爲愈乎己，而身猶死之，而况其真乎？泉涸，魚相與處於陸，相呴以溼，相濡以沫，不如相忘於江湖。與其譽堯而非桀也，不如兩忘而化其道。夫大塊載我以形，勞我以生，佚我以老，息我以死，故善吾生者，乃所以善吾死也。夫藏舟於壑，藏山於澤，謂之固矣。然而夜半有力者負之而走，昧者不知也。藏小大有

〔一〕「閉」，原作「閑」，據世德堂本卷三改。

宜，猶有所遯，若夫藏天下於天下而不得所遯，是恒物之大情也。特犯人之形而猶喜之，「犯人之形」與後子祀章「犯」字，皆當解如笵金合上之笵。若人之形者，萬化而未始有極也，其爲樂可勝計邪？故聖人將遊於物之所不得遯而皆存。善夭善老，善始善終，人猶效之，又況萬物之所係而一化之所待乎？夫道有情有信，無爲無形；可傳而不可受，可得而不可見；自本自根，未有天地，自古以固存；神鬼神帝，生天生地；在太極之先而不爲高，在六極之下而不爲深，先天地生而不爲久，長於上古而不爲老。狶韋氏得之，以挈天地；伏戲得之，以襲氣母；維斗得之，終古不忒；日月得之，終古不息；堪坏得之，以襲崑崙；馮夷得之，以遊大川；肩吾得之，以處大山；黃帝得之，以登雲天；顓頊得之，以處玄宮；禺强得之，立乎北極；西王母得之，坐乎少廣，莫知其始，莫知其終；彭祖得之，上及有虞，下及五伯；傅說得之，以相武丁，奄有天下，乘東維，騎箕尾，而比於列星。

南伯子葵問乎女偊曰：「子之年長矣，而色若孺子，何也？」曰：「吾聞道矣。」南伯子葵曰：「道可得學邪？」曰：「惡，惡可？子非其人也。夫卜梁倚有聖人之才而無聖人之道，我有聖人之道而無聖人之才。吾欲以教之，庶幾其果爲聖人乎？不然，以聖人之道告聖人之才，亦易矣。吾猶守而告之，參日而後能外天下；已外天下矣，吾又守之，七日而後能外物；已外物矣，吾又守之，九日而後能外生；已外生矣，而後能朝徹，朝徹而後能見獨，見獨而後能無古今，無古今而後能入於不死不生。殺生者不死，生生者不生。其爲物，無不將也，無不迎也，無不毁也，無不成也。其名爲攖寧，攖寧也者，攖而後成者也。」南伯子葵曰：「子獨惡乎聞之？」曰：「聞諸副墨之子，副墨之子聞諸洛誦之孫，洛誦之孫聞之瞻明，瞻明聞之聶許，聶許聞之需役，需役聞之於謳，於謳聞之玄冥，玄冥聞之參寥，參寥聞之疑始。」

子祀、子輿、子犂、子來四人相與語曰：「孰能以無爲首，以生爲脊，以死爲尻，孰知死生存亡之一體者，吾與之友矣。」四人相視而笑，莫逆於心，遂相與爲友。俄而子輿有病，子祀往問之。曰：「偉哉，夫造物者將以予爲此拘拘也。」曲僂發背，上有五管，頤隱於齊，肩高於頂，句贅指天。陰陽之氣有沴，其心閒而無事，跰𨇤而鑑於井，曰：「嗟乎，夫造物者又將以予爲此拘拘也。」子祀曰：「女惡之乎？」曰：「亡，予何惡？浸假而化予之左臂以爲雞，予因以求時夜；浸假而化予之右臂以爲彈，予因以求鴞炙；浸假而化予之尻以爲輪，以神爲馬，予因而乘之，豈更駕哉？且夫得者時也，失者順也，安時而處順，哀樂不能入也。此古之所謂縣解也，而不能自解者，物有結之。且夫物不勝天久矣，吾又何惡焉？」俄而子來有病，喘喘然將死，其妻子環而泣之。子犂往問之，曰：「叱，避，無怛化。」倚其户與之語曰：「偉哉造化，又將奚以女爲？將奚以女適？以女爲鼠肝乎？以女爲蟲臂乎？」子來曰：「父母於子，東西南北，惟命之從。陰陽於人，不翅於父母。彼近吾死而我不聽，我則悍矣，彼何罪焉？夫大塊載我以形，勞我以生，佚我以老，息我以死，故善吾生者乃所以善吾死也。今大冶鑄金，金踊躍曰：『我且必爲鏌鋣。』大冶必以爲不祥之金。今一犯人之形而曰『人耳人耳』，夫造化者，必以爲不祥之人。今一以天地爲大鑪，以造化爲大冶，惡乎往而不可哉？」成然寐，蘧然覺。

子桑户、孟子反、子琴張三人相與友，曰：「孰能相與於無相與，相爲於無相爲？孰能登天遊霧，撓挑無極，相忘以生，無所終窮？」三人相視而笑，莫逆於心，遂相與友。莫然有間，而子桑户死，未葬。孔子聞之，使子貢往待事焉。或編曲，或鼓琴，相和而歌曰：「嗟來桑户乎，嗟來桑户乎，而已反其真，而我猶爲人猗。」子貢趨而進曰：「敢問臨尸而歌，禮乎？」二人相視而笑，曰：「是惡知禮意？」子貢反，以告孔子曰：「彼何人者邪？修行無有而外其形骸，臨尸而歌，顏色不變，無以命之。彼何人者邪？」孔子曰：「彼遊方之外者也，而丘遊方之内者也。外内不相及，而丘使女往弔之，丘則陋矣。彼方且與造物者爲人，而遊乎天地之一氣。彼以生爲附贅縣疣，以死爲決疣潰癰，夫若然者，又惡知死生先後之所在？假於異物，託於同體，忘其肝膽，遺其耳目，反覆終始，不知端倪，芒然彷徨乎塵垢之外，逍遥乎無爲之業，彼又惡能憒憒然爲世俗之禮，以觀衆人之耳目哉？」子貢曰：「然則夫子何方之依？」曰：「丘，天之戮民也。雖然，吾與女共之。」子貢曰：「敢問其方？」孔子曰：「魚相造乎水，人相造乎道。相造乎水者，穿池而養給。相造乎道者，無事而生定。故曰魚相忘乎江湖，人相忘乎道術。」子貢曰：「敢問畸人？」曰：「畸人者，畸於人而侔於天。故曰天之小人，人之君子；人之君子，天之小人也。」

顏回問仲尼曰：「孟孫才，其母死，哭泣無涕，中心不慼，居喪不哀。無是三者，以善喪蓋魯國，固有無其實而得其名者乎？回一怪之。」仲尼曰：「夫孟孫氏盡之矣，進於知矣。唯簡之而不得，夫已有所簡矣。常人束於生死之情，以爲哀痛，簡之不得，而不知已於性命之真有所簡矣。孟孫氏不知所以生，不知所以死，不知就先，不知就後。若化爲物，以待其所不知之化已乎。且方將化，惡知不化哉？方將不化，惡知已化哉？吾特與女，其夢未始覺者邪。且彼有駭形而無損心，有旦宅而無情死。情，實也。言本非實有死者。孟孫氏特覺，人哭亦哭，是自其所以乃且也相與吾之耳矣，「是自其所」十四字爲一句。楊南仲釋《韓城鼎銘》，「乃」字讀「仍」。言哀哭由於此身之所繫，而此身非實，姑自其所以因仍聊且所蹔有之身，謂之吾耳，是以人哭亦哭，而此身豈真吾邪？庸詎知吾所謂吾之乎？且女夢爲鳥而厲乎天，夢爲魚而没於淵。不識今之言者，其覺者乎？其夢者乎？

造適不及笑，獻笑不及排，安排而去化，乃入於寥天一。」意而子見許由，許由曰：「堯何以資女？」意而子曰：「堯謂我：女必躬服仁義而明言是非。」許由曰：「而奚來爲軹？夫堯既已黥女以仁義，而劓女以是非矣，女將何以遊夫遥蕩恣睢轉徙之塗乎？」意而子曰：「雖然，吾願遊於其藩。」許由曰：「不然，夫盲者無以與乎眉目顏色之好，瞽者無以與乎青黄黼黻之觀。」意而子曰：「夫無莊之失其美，據梁之失其力，黄帝之亡其知，皆在鑪錘之間耳。庸詎知夫造物者之不息我黥而補我劓，使我乘成以隨先生邪？」許由曰：「噫，未可知也。我爲女言其大略。吾師乎，吾師乎，𩐋萬物而不爲義，澤及萬世而不爲仁，長於上古而不爲老，覆載天地、刻彫衆形而不爲巧，此所遊已。」

顏回曰：「回益矣。」仲尼曰：「何謂也？」曰：「回忘仁義矣。」曰：「可矣，猶未也。」它日復見，曰：「回益矣。」曰：「何謂也？」曰：「回忘禮樂矣。」曰：「可矣，猶未也。」它日復見，曰：「回益矣。」曰：「何謂也？」曰：「回坐忘矣。」仲尼蹵然曰：「何謂坐忘？」顏回曰：「墮枝體，黜聰明，離形去知，同於大通，此謂坐忘。」仲尼曰：「同則無好也，化則無常也。而果其賢乎，丘也請從而後乎。」

子輿與子桑友，而霖雨十日。子輿曰：「子桑殆病矣。」裹飯而往食之。至子桑之門，則若歌若哭，鼓琴曰：「父邪母邪？天乎人乎？」有不任其聲而趨舉其詩焉。子輿入，曰：「子之歌詩，何故若是？」曰：「吾思夫使我至此極者而弗得也，父母豈欲吾貧哉？天無私覆，地無私載，天地豈私貧我哉？求其爲之者而不得也，然而至此極者，命也夫。」

内篇應帝王第七七章。

齧缺問於王倪，四問而四不知。齧缺因躍而大喜，行以告蒲衣子。蒲衣子曰：「而乃今知之乎？有虞氏不及泰氏。有虞氏其猶藏仁以要人，亦得人矣，而未始出於非人。泰氏其卧徐徐，其覺于于，一以己爲馬，一以己爲牛，其知情信，其德甚真，而未始入於非人。」

肩吾見狂接輿，狂接輿曰：「日中始何以語女？」肩吾曰：「告我君人者以己出經式義度人，此儒者絜矩之道。孰敢不聽而化諸？」接輿曰：「是欺德也。其於治天下也，猶涉海鑿河而使蚊負山也。夫聖人之治也，治外乎？正而後行，確乎能其事者而已矣。且鳥高飛以避矰弋之害，鼷鼠深穴乎神邱之下以避熏鑿之患，而曾二蟲之無知。」

天根遊於殷陽，至蓼水之上，適遭無名人而問焉，曰：「請問爲天下。」無名人曰：「去，女鄙人也，何問之不豫也。予方將與造物者爲人，厭則又乘夫莽眇之鳥，以出六極之外，而遊無何有之鄉，以處壙埌之野。女又何帠以治天下感予之心爲？」又復問，無名人曰：「女遊心於淡，合氣於漠，順物自然而無容私焉，而天下治矣。」

陽子居見老聃，曰：「有人於此，嚮疾强梁，物徹疏明，學道不勸，如是者，可比明王乎？」老聃曰：「是於聖人也，胥易技係，勞形怵心者也。陽子居即楊朱，「嚮疾」三句，即勇、知、仁三達德。且也虎豹之文來田，猨狙之便、執斄之狗來藉，如是者，可比明王乎？」陽子居蹵然曰：「敢問明王之治。」老聃曰：「明王之治，功蓋天下而似不自己，化貸萬物而民弗恃。有莫舉名，使物自喜。立乎不測，而遊於無有者也。」

鄭有神巫曰季咸，知人之死生、存亡、禍福、壽夭，期以歲月旬日，若神。鄭人見之，皆棄而走。列子見之而心醉，歸以告壺子曰：「始吾以夫子之道爲至矣，則又有至焉者矣。」壺子曰：「吾與女既其文，未既其實，而固得道與？衆雌而無雄，而又奚卵焉？而以道與世亢，必信，夫故使人得而相女。嘗試與來，以予示之。」明日，列子與之見壺子。出而謂列子曰：「嘻，子之先生死矣，弗活矣，不以旬數矣。吾見怪焉，見溼灰焉。」列子入，泣涕沾襟，以告壺子。壺子曰：「鄉吾示之以地文，萌乎不震不正，是殆見吾杜德機也。嘗又與來。」明日，又與之見壺子，出而謂列子曰：「幸矣，子之先生遇我也。有瘳矣，全然有生矣。吾見其杜權矣。」列子入以告壺子，壺子曰：「鄉吾示之以天壤，名實不入，而機發於踵。是殆見吾善者機也。嘗又與來。」明日，又與之見壺子，出而謂列子曰：「子之先生不齊，吾無得而相焉。試齊，且復相之。」列子入，以告壺子，壺子曰：「吾鄉示之以太沖莫勝，是殆見吾衡氣機也。鯢桓之審爲淵，止水之審爲淵，流水之審爲淵。淵有九名，此處三焉。嘗又與來。」明日，又與之見壺子，立未定，自失而走。壺子曰：「追之。」列子追之不及，反以報壺子曰：「已滅矣，已失矣，吾弗及已。」壺子曰：「鄉吾示之以未始出吾宗。吾與之虛而委蛇，不知其誰何，因以爲弟靡，因以爲波流，故逃也。」然後列子自以爲未始學而歸，三年不出，爲其妻爨，食豕如食人，於事無與親。彫琢復朴，塊然獨以其形立。紛而封哉，一以是終。

無爲名尸，無爲謀府，無爲事任，無爲知主。體盡無窮，而遊無朕。盡其所受乎天而無見得，亦虛而已。至人之用心若鏡，不將不逆，應而不藏，故能勝物而不傷。

南海之帝爲儵，北海之帝爲忽，中央之帝爲渾沌。儵與忽時相與遇於渾沌之地，渾沌待之甚善。儵與忽謀報渾沌之德，曰：「人皆有七竅以視聽食息，此獨無有，嘗試鑿之。」日鑿一竅，七日而渾沌死。

莊子章義卷二

外篇駢拇第八 一章。

駢拇枝指，出乎性哉，而侈於德。附贅縣疣，出乎形哉，而侈於性。多方乎仁義而用之者，列於五藏哉，而非道德之正也。是故駢於足者，連無用之肉也；枝於手者，樹無用之指也；多方駢枝於五藏之情者，淫僻於仁義之行，而多於聰明之用也。「多」下「方」字，從張君房本刪。是故駢於明者，亂五色，淫文章，青黃黼黻之煌煌非乎？而離朱是已。多於聰者，亂五聲，淫六律，金石絲竹黃鍾大呂之聲非乎？而師曠是已。枝於仁者，擢德塞性以收名聲，使天下簧鼓以奉不及之法非乎？而曾、史是已。駢於辯者，纍瓦結繩竄句，遊心於堅白同異之間，而敝跬譽無用之言非乎？而楊、墨是已。故此皆多駢旁枝之道，非天下之至正也。彼正正者，不失其性命之情。故合者不爲駢，而枝者不爲跂，長者不爲有餘，短者不爲不足。是故鳧脛雖短，續之則憂；鶴脛雖長，斷之則悲。故性長非所斷，性短非所續，無所去憂也。意仁義其非人情乎？彼仁人何其多憂也。且夫駢於拇者，決之則泣；枝於手者，齕之則啼。二者或有餘於數，或不足於數，其於憂一也。今世之仁人，蒿目而憂世之患；不仁之人，決性命之情而饕貴富，故意仁義其非人情乎？自三代以下者，天下何其囂囂也。且夫待鉤繩規矩而正者，是削其性也；待繩約膠漆而固者，是侵其德也；屈折禮樂，呴俞仁義，以慰天下之心者，此失其常然也。天下有常然。常然者，曲者不以鉤，直者不以繩，圓者不以規，方者不以矩，附離不以膠漆，約束不以纆索。故天下誘然皆生而不知其所以生，同焉皆得而不知其所以得。故古今不二，不可虧也。則仁義又奚連連如膠漆纆索而遊乎道德之間爲哉，使天下惑也。夫小惑易方，大惑易性。何以知其然邪？自虞氏招仁義以撓天下也，天下莫不奔命於仁義，是非以仁義易其性與？故嘗試論之，自三代以下者，天下莫不以物易其性矣。小人則以身殉利，士則以身殉名，大夫則以身殉家，聖人則以身殉天下。故此數子者，事業不同，名聲異號，其於傷性以身爲殉，一也。臧與穀，二人相與牧羊而俱亡其羊。問臧奚事，則挾筴讀書；問穀奚事，則博塞以遊。二人者，事業不同，其於亡羊均也。伯夷死名於首陽之下，盜跖死利於東陵之上。二人者，所死不同，其於殘生傷性均也，奚必伯夷之是而盜跖之非乎？天下盡殉也，彼其所殉仁義也，則俗謂之君子；其所殉貨財也，則俗謂之小人。其殉一也，則有君子焉，有小人焉。若其殘生損性，則盜跖亦伯夷已，又惡取君子小人於其間哉？且夫屬其性乎仁義者，雖通如曾、史，非吾所謂臧也。《音義》有「雖通如楊、墨」句，云

「一本無此句」，而未注所屬。按，如陸説則當在「曾史」句下，然各本皆無此句。屬其性於五味，雖通如俞兒，非吾所謂臧也。屬其性乎五聲，雖通如師曠，非吾所謂聰也。屬其性乎五色，雖通如離朱，非吾所謂明也。吾所謂臧，非仁義之謂也，臧於其德而已矣。吾所謂臧者，非所謂仁義之謂也，任其性命之情而已矣。吾所謂聰者，非謂其聞彼也，自聞而已矣。吾所謂明者，非謂其見彼也，自見而已矣。夫不自見而見彼，不自得而得彼者，是得人之得，而不自得其得者也，適人之適，而不自適其適者也。夫適人之適，而不自適其適，雖盜跖與伯夷，是同爲淫僻也。予愧乎道德，是以上不敢爲仁義之操，而下不敢爲淫僻之行也。

外篇馬蹏第九

一章。

馬，蹏可以踐霜雪，毛可以禦風寒，齕草飲水，翹足而陸，此馬之真性也。雖有義臺路寢，無所用之。及至伯樂，曰："我善治馬。"燒之，剔之，刻之，雒之，連之以羈馽，編之以阜棧，馬之死者十二三矣。飢之，渴之，馳之，驟之，整之，齊之，前有橛飾之患，而後有鞭筴之威，而馬之死者已過半矣。陶者曰："我善治埴，圓者中規，方者中矩。"匠人曰："我善治木，曲者中鉤，直者應繩。"夫埴木之性，豈欲中規矩鉤繩哉？然且世世稱之曰："伯樂善治馬，而陶匠善治埴木。"此亦治天下者之過也。吾意善治天下者不然，彼民有常性，織而衣，耕而食，是謂同德；一而不黨，命曰天放。故至德之世，其行填填，其視顛顛。當是時也，山無蹊隧，澤無舟梁，萬物群生，連屬其鄉，禽獸成群，草木遂長，是故禽獸可係羈而遊，烏鵲之巢可攀援而闚。夫至德之世，同與禽獸居，族與萬物並，惡乎知君子小人哉？同乎無知，其德不離；同乎無欲，是謂素朴，素朴而民性得矣。及至聖人，蹩躠爲仁，踶跂爲義，而天下始疑矣；澶漫爲樂，摘僻爲禮，而天下始分矣。故純樸不殘，孰爲犧尊？白玉不毁，孰爲圭璋？道德不廢，安取仁義？性情不離，安用禮樂？五色不亂，孰爲文采？五聲不亂，孰應六律？夫殘樸以爲器，工匠之罪也；毁道德以爲仁義，聖人之過也。夫馬陸居則食草飲水，喜則交頸相靡，怒則分背相踶，馬知已此矣。夫加之以衡扼，齊之以月題，而馬知介倪闉扼鷙曼詭銜竊轡。故馬之知而能至盜者，伯樂之罪也。夫赫胥氏之時，民居不知所爲，行不知所之，含哺而熙，鼓腹而遊，民能已此矣。及至聖人屈折禮樂以匡天下之形，縣跂仁義以慰天下之心，而民乃始踶跂好知，爭歸於利，不可止也，此亦聖人之過也。

外篇胠篋第十 一章。

將爲胠篋探囊發匱之盜而爲守備，則必攝緘縢，固扃鐍，此世俗之所謂知也。然而巨盜至，則負匱揭篋擔囊而趨，唯恐緘縢扃鐍之不固也。然則鄉之所謂知者，不乃爲大盜積者也？故嘗試論之，世俗所謂知者，有不爲大盜積者乎？所謂聖者，有不爲大盜守者乎？何以知其然邪？昔者齊國鄰邑相望，雞狗之音相聞，罔罟之所布，耒耨之所刺，方二千餘里。闔四境之内，所以立宗廟社稷，治邑屋州閭鄉曲者，曷嘗不法聖人哉？然而田成子一旦殺齊君而盜其國。所盜者豈獨其國邪？并與其聖知之法而盜之。故田成子有乎盜賊之名，而身處堯、舜之安，小國不敢非，大國不敢誅，十二世有齊國。則是不乃竊齊國并與其聖知之法，以守其盜賊之身乎？自田常至王建十世，上合桓子無宇、釐子乞爲十二世。田氏自桓子始大，故合言十二世。此篇是先秦時文字，大約外篇、雜篇多非莊生所爲，此人蓋有慨於始皇，故言最憤激。《駢拇》、《馬蹏》及此篇皆雄文，而此篇尤奇肆。嘗試論之，世俗之所謂至知者，有不爲大盜積者乎？所謂至聖者，有不爲大盜守者乎？何以知其然邪？昔者龍逢斬，比干剖，萇宏胣，子胥靡，故四子之賢而身不免乎戮。故跖之徒問於跖曰：「盜亦有道乎？」跖曰：「何適而無有道邪？」夫妄意室中之藏，聖也；入先，勇也；出後，義也；知可否，知也；分均，仁也。五者不備而能成大盜者，天下未之有也。由是觀之，善人不得聖人之道不立，跖不得聖人之道不行，天下之善人少而不善人多，則聖人之利天下也少而害天下也多。故曰：脣竭則齒寒，魯酒薄而邯鄲圍，聖人生而大盜起。掊擊聖人，縱舍盜賊，而天下始治矣。夫川竭而谷虛，邱夷而淵實，聖人已死則大盜不起，天下平而無故矣。聖人不死，大盜不止，雖重聖人而治天下，則是重利盜跖也。爲之斗斛以量之，則并與斗斛而竊之；爲之權衡以稱之，則并與權衡而竊之；爲之符璽以信之，則并與符璽而竊之；爲之仁義以矯之，則并與仁義而竊之。何以知其然邪？彼竊鉤者誅，竊國者爲諸侯，諸侯之門而仁義存焉，則是非竊仁義聖知邪？故逐於大盜，揭諸侯，竊仁義并斗斛權衡符璽之利者，雖有軒冕之賞弗能勸，斧鉞之威弗能禁。此重利盜跖而使不可禁者，是乃聖人之過也。故曰：「魚不可脱於淵，國之利器不可以示人。」彼聖人者，天下之利器也，非所以明天下也。故絶聖棄知，大盜乃止；擿玉毁珠，小盜不起；焚符破璽，而民朴鄙；掊斗折衡，而民不爭；殫殘天下之聖法，而民始可與論議。擢亂六律，鑠絶竽瑟，塞瞽曠之耳，而天下始人含其聰矣；滅文章，散五采，膠離朱之目，而天下始人含其明矣；毁絶鉤繩而棄規矩，攦工倕之指，而天下始人有其巧矣。故曰：「大巧若拙。」削曾、史之行，鉗楊、墨之口，攘棄仁義，而天下之德始玄同矣；彼人含其明，則天下不鑠矣；人含其聰，則天下不累矣；人含其知，則天下不惑矣；人含其德，則天下不僻矣。彼曾、史、楊、墨、師曠、工倕、離朱者，皆外立其德而以爚亂天下者也，法之所無用也。子獨不聞至德之世乎？昔者容成氏、大庭氏、伯皇氏、中央氏、栗陸氏、驪畜氏、軒轅氏、赫胥氏、尊盧氏、祝融氏、伏戲氏、神農氏，當是時也，民結繩而用之，甘其食，美其服，樂其俗，安其居，鄰國相望，雞狗之音相聞，民至老死而不相往來。若此之時，則至治已。今遂至使民延頸舉踵，曰「某所有賢者」，贏糧而趣之，則內棄其親而外去其主之事，足跡接乎諸侯之境，車軌結乎千里之外，則是上好知之過也。上誠好知而無道，則天下大亂矣。何以知其然邪？夫弓弩畢弋機變之知多，則鳥亂於上矣；鉤餌網罟罾笱之知多，則魚亂於水矣。削格羅落罝罘之知多，則獸亂於澤矣；知詐漸毒、頡滑堅白、解垢同異之變多，則俗惑於辯矣。故天下每每大亂，罪在於好知。故天下皆知求其所不知而莫知求其所已知者，皆知非其所不善而莫知非其所已善者，是以大亂。故上悖日月之明，下爍山川之精，中墮四時之施，惴耎之蟲、肖翹之物，莫不失其性。甚矣，夫好知之亂天下也。自三代以下者是已，舍夫種種之機而說夫役役之佞，釋夫恬淡無爲而說夫哼哼之意，《荀子》：「口哼，誕也。」哼哼已亂天下矣。

外篇在宥第十一 八章。

聞在宥天下，不聞治天下也。在之也者，恐天下之淫其性也；宥之也者，恐天下之遷其德也。天下不淫其性，不遷其德，有治天下者哉？昔堯之治天下也，使天下欣欣焉，人樂其性，是不恬也。桀之治天下也，使天下瘁瘁焉，人苦其性，是不愉也。夫不恬不愉，非德也，非德也而可長久者，天下無之。人大喜邪，毗於陽；大怒邪，毗於陰。陰陽並毗，四時不至，寒暑之和不成，其反傷人之形乎。使人喜怒失位，居處無常，思慮不自得，中道不成章，於是乎天下始喬詰卓鷙，而後有盜跖、曾、史之行。故舉天下以賞其善者不足，舉天下以罰其惡者不給，故天下之大不足以賞罰。自三代以下者，匈匈焉終以賞罰爲事，彼何暇安其性命之情哉？而且説明邪？是淫於色也。説聰邪？是淫於聲也。説仁邪？是亂於德也。説義邪？是悖於理也。説禮邪？是相於技也。説樂邪？是相於淫也。説聖邪？是相於藝也。説知邪？是相於疵也。天下將安其性命之情，之八者，存可也亡可也；天下將不安其性命之情，之八者，乃始臠卷愴囊而亂天下也。而天下乃始尊之惜之，甚矣天下之惑也。豈直過也而去之邪？乃齊戒以言之，跪坐以進之，鼓歌以儛之，吾若是何哉？故君子不得已而臨莅天下，莫若無爲。無爲也，而後安其性命之情。

故貴以身於爲天下，則可以託天下；愛以身於爲天下，則可以寄天下。故君子苟能無解其五藏，無擢其聰明，尸居而龍見，淵默而雷聲，神動而天隨，從容無爲，而萬物炊累焉，吾又何暇治天下哉？《馬蹏》、《胠篋》及《在宥》之首二章，皆申老子之説，然非莊子之文。

崔瞿問於老聃曰：「不治天下，安藏人心？」老聃曰：「女慎無攖人心。人心排下而進上，上下囚殺，淖約柔乎剛强，廉劌彫琢，其熱焦火，其寒凝冰，其疾俛俯之間而再撫四海之外。其居也淵而靜，其動也縣而天，僨驕而不可係者，其唯人心乎？昔者黄帝始以仁義攖人之心，堯、舜於是乎股無胈，脛無毛，以養天下之形。愁其五藏以爲仁義，矜其血氣以規法度，然猶有不勝也。堯於是放讙兜於崇山，投三苗於三峗，流共工於幽都，此不勝天下也。夫施及三王而天下大駭矣，下有桀、跖，上有曾、史，而儒、墨畢起。於是乎喜怒相疑，愚知相欺，善否相非，誕信相譏，而天下衰矣；大德不同，而性命爛漫矣；天下好知，而百姓求竭矣。於是乎釿鋸制焉，繩墨殺焉，椎鑿決焉。天下脊脊大亂，罪在攖人心。故賢者伏處大山嵁巖之下，而萬乘之君憂慄乎廟堂之上。今世殊死者相枕也，桁楊者相推也，刑戮者相望也，而儒、墨乃始離跂攘臂乎桎梏之間。意，甚矣哉。其無媿而不知恥也甚矣。吾未知聖知之不爲桁楊椄槢也，仁義之不爲桎梏鑿枘也，焉知曾、史之不爲桀、跖嚆矢也？故曰：絶聖棄知，而天下大治。」

黄帝立爲天子十九年，令行天下，儒者言黄帝三百年，故借黄帝明無窮之義。聞廣成子在於空同之上，故往見之，曰：「我聞吾子達於至道，敢問至道之精？吾欲取天地之精，以佐五穀，以養民人。吾又欲官陰陽以遂群生，爲之奈何？」黄帝爲醫藥，故云取天地之精，佐百穀。黄帝歷離日月星辰，故云官陰陽。廣成子曰：「而所欲問者，物之質也；而所欲官者，物之殘也。自而治天下，雲氣不待族而雨，草木不待黄而落，日月之光益以荒矣。而佞人之心翦翦者，又奚足以語至道？」黄帝退，捐天下，築特室，席白茅，閒居三月，復往邀之。廣成子南首而臥，黄帝順下風膝行而進，再拜稽首而問曰：「聞吾子達於至道，敢問治身奈何而可以長久？」廣成子蹷然而起，曰：「善哉問乎。來，吾語女至道。至道之精，窈窈冥冥；至道之極，昏昏默默。無視無聽，抱神以靜，形將自正。必靜必清，無勞女形，無摇女精，乃可以長生。目無所見，耳無所聞，心無所知，女神將守形，形乃長生。慎女内，閉女外，多知爲敗。我爲女遂於大明之上矣，至彼至陽之原也；爲女入於窈冥之門矣，至彼至陰之原也。天地有官，陰陽有藏，慎守女身，物將自壯。天地有官，不必爲歷象以明之。物將自壯，不必爲醫藥以救之。我守其一以處其和，故我修身千二百歲矣，吾形未嘗衰。」黄帝再拜稽首，曰：「廣成子之謂天矣。」廣成子曰：「來，予語女。彼其物無窮，而人皆以爲終；彼其物無測，而人皆以爲極。得吾道者，上爲皇而下爲王；失吾道者，上見光而下爲土。皇王，乃天地上下，惟吾獨尊之意，非人爵也。不見光，不見土，即空四大之意。今夫百昌，皆生於土而反於土。百昌生土反土，言土之未嘗窒道，人自見土，不見道耳。知道者，見其爲道而非土。故予將去女，入無窮之門，以遊無極之野。吾與日月參光，吾與天地爲常。當我，緡乎；遠我，昏乎。人其盡死，而我獨存乎。」

雲將東遊，過扶摇之枝，而適遭鴻蒙。鴻蒙方將拊髀雀躍而遊，雲將見之，儻然止，贄然立，曰：「叟何人邪？叟何爲此？」鴻蒙拊髀雀躍不輟，對雲將曰：「遊。」雲將曰：「朕願有問也。」鴻蒙仰而視雲將曰：「吁。」雲將曰：「天地不和，地氣鬱結，六氣不調，四時不節。今我願合六氣之精，以育群生，爲之奈何？」鴻蒙拊髀雀躍掉頭，曰：「吾弗知，吾弗知。」雲將不得問，又三年，東遊過有宋之野，而適遭鴻蒙。雲將大喜，行趨而進曰：「天忘朕邪？天忘朕邪？」再拜稽首，願聞於鴻蒙。鴻蒙曰：「浮遊不知所求，猖狂不知所往，遊者鞅掌，以觀無妄。朕又何知？」雲將曰：「朕也自以爲猖狂，而民隨予所往；朕也不得已於民，今則民之放也。願聞一言。」鴻蒙曰：「亂天下之經，逆物之情，玄天弗成，解獸之群而鳥皆夜鳴，災及草木，禍及昆蟲。意，治人之過也。」雲將曰：「然則吾奈何？」鴻蒙曰：「意，毒哉僊僊乎。句。「毒」疑是「毐」字，《説文》：「艸盛上出皃。」此是譏雲將有浮動之意，故令其歸休也。歸矣。」雲將曰：「吾遇天難，願聞一言。」鴻蒙曰：

「意，心養。女徒處無爲，而物自化。墮爾形體，吐爾聰明，倫與物忘，大同乎涬溟。解心釋神，莫然無魂。萬物云云，各復其根，各復其根而不知。渾渾沌沌，終身不離。若彼知之，乃是離之。無問其名，無闚其情，物故自生。」雲將曰：「天降朕以德，示朕以默。躬身求之，乃今也得。」再拜稽首，起辭而行。

世俗之人，皆喜人之同乎己，而惡人之異於己也。同於己而欲之，異於己而不欲者，以出乎衆爲心也。夫以出乎衆爲心者，曷常出乎衆哉？因衆以寧所聞，不如衆技衆矣。而欲爲人之國者，此攬乎三王之利，而不見其患者也。此以人之國僥倖也，幾何僥倖而不喪人之國乎？其存人之國也，無萬分之一；而喪人之國也，一不成而萬有餘喪矣。悲夫，有土者之不知也。夫有土者，有大物也。有大物者，不可以物，物而不物，故能物物。明乎物物者之非物也，豈獨治天下百姓而已哉？出入六合，遊乎九州，獨往獨來，是謂獨有。獨有之人，是之謂至貴。

大人之教，若形之與影，聲之於響。有問而應之，盡其所懷，爲天下配。處乎無響，行乎無方。挈女適復之撓撓，以遊無端，出入無旁，與日無始。頌論形軀，合乎大同，大同而無己。無己，惡乎得有？覩有者，昔之君子；覩無者，天地之友。

賤而不可不任者，物也。卑而不可不因者，民也。匿而不可不爲者，事也。麤而不可不陳者，法也。遠而不可不居者，義也。親而不可不廣者，仁也。節而不可不積者，禮也。中而不可不高者，德也。一而不可不易者，道也。神而不可不爲者，天也。故聖人觀於天而不助，成於德而不累，出於道而不謀，會於仁而不恃，薄於義而不積，應於禮而不諱，接於事而不讓，齊於法而不亂，恃於民而不輕，因於物而不去。物者莫足爲也，而不可不爲。不明於天者，不純於德；不通於道者，無自而可；不明於道者，悲夫。何謂道？有天道，有人道。無爲而尊者，天道也；有爲而累者，人道也。主者，天道也；臣者，人道也。天道之與人道也，相去遠矣，不可不察也。

外篇天地第十二

十六章。此篇與《山木》篇皆稱孔子爲夫子，然則莊子之學，殆真出於子夏也。

天地雖大，其化均也；萬物雖多，其治一也；人卒雖衆，其主君也。君原於德而成於天，故曰：玄古之君天下，無爲也，天德而已矣。以道觀言，而天下之君正；以道觀分，而君臣之義明；以道觀能，而天下之官治；以道汎觀，而萬物之應備。故通於天地者，德也；行於萬物者，道也；上治人者，事也；能有所藝者，技也。技兼於事，事兼於義，義兼於德，德兼於道，道兼於天。故曰：古之畜天下者，無欲而天下足，無爲而萬物化，淵靜而百姓定。《記》曰：「通於一而萬事畢，無心得而鬼神服。」

夫子曰：「夫道，覆載萬物者也，洋洋乎大哉。君子不可以不刳心焉。無爲爲之之謂天，無爲言之之謂德，愛人利物之謂仁，不同同之之謂大，行不崖異之謂寬，有萬不同之謂富。故執德之謂紀，德成之謂立，循於道之謂備，不以物挫志之謂完。君子明於此十者，則韜乎其事心之大也，沛乎其爲萬物逝也。若然者，藏金於山，藏珠於淵，不利貨財，不近富貴，不樂壽，不哀夭，不榮通，不醜窮，不拘一世之利以爲己私分，不以王天下爲己處顯，顯則明，萬物一府，死生同狀。」

夫子曰：「夫道，淵乎其居也，漻乎其清也。金石不得無以鳴。故金石有聲，不考不鳴。萬物孰能定之？夫王德之人，素逝而恥通於事，立之本原而知通於神，故其德廣。其心之出，有物採之。故形非道不生，生非德不明。存形窮生，立德明道，非王德者邪？蕩蕩乎，忽然出，勃然動，而萬物從之乎，此謂王德之人。視乎冥冥，聽乎無聲。冥冥之中，獨見曉焉；無聲之中，獨聞和焉。故深之又深，而能物焉；神之又神，而能精焉。故其與萬物接也，至無而供其求，時騁而要其宿，大小、長短、修遠。」此下有缺文。

黄帝遊乎赤水之北，登乎崑崙之邱而南望，還歸，遺其玄珠。使知索之而不得，使離朱索之而不得，使喫詬索之而不得也。乃使象罔，象罔得之。黄帝曰：「異哉，象罔乃可以得之乎？」

堯之師曰許由，許由之師曰齧缺，齧缺之師曰王倪，王倪之師曰被衣。堯問於許由曰：「齧缺可以配天乎？吾藉王倪以要之。」許由曰：「殆哉圾乎天下。齧缺之爲人也，聰明睿知，給數以敏，其性過人，而又乃以人受天。彼審乎禁過，而不知過之所由生。與之配天乎？彼且乘人而無天，方且本身而異形，方且尊知而火馳，方且爲緒使，方且爲物絯，方且四顧而物應，方且應衆宜，方且與物化而未始有恒。夫何足以配天乎？雖然，有族有祖，可以爲衆父，而不可以爲衆父父。治，亂之率也，北面之禍也，南面之賊也。」

堯觀乎華，華封人曰：「嘻，聖人。請祝聖人，使聖人壽。」堯曰：「辭。」「使聖人富。」堯曰：「辭。」「使聖人多男子。」堯曰：「辭。」封人曰：「壽、富、多男子，人之所欲也，女獨不欲，何邪？」堯曰：「多男子則多懼，富則多事，壽則多辱，是三者非所以養德也，故辭。」封人曰：「始也我以女爲聖人邪，今然君子也。天生萬物，必授之職。多男子而授之職，則何懼之有？富而使人分之，則何事之有？夫聖人，鶉居而鷇食，鳥行而無彰，天下有道，則與物俱昌；天下無道，則修德就閒。千歲厭世，去而上僊，上僊，是秦以後人語。乘彼白雲，至於帝鄉。三患莫至，身常無殃，則何辱之有？」封人去之。堯隨之，曰：「請問。」封人曰：「退已。」

堯治天下，伯成子高立爲諸侯。堯授舜，舜授禹，伯成子高辭爲諸侯而耕。禹往見之，則耕在野。禹趨就下風，立而問焉，曰：「昔堯治天下，吾子立爲諸侯。堯授舜，舜授予，而吾子辭爲諸侯而耕。敢問其故何也？」子高曰：「昔堯治天下，不賞而民勸，不罰而民畏。今子賞罰，而民且不仁，德自此衰，刑自此立，後世之亂自此始矣。夫子闔行邪？無落吾事。」俋俋乎耕而不顧。

泰初有無無，句。有無名；句。言其始，非特有不可言，并無亦不可言，是故云「有無無」。諸家解皆失句讀。一之所起，句。有一而未形。句。物得以生謂之德。句。未形者有分，句。且然無間謂之命。句。留動而生物，句。物成生理謂之形。句。形體保神，句。各有儀則謂之性。句。

性修反德，句。德至同於初。句。同乃虚，句。虚乃大。句。合喙鳴，句。喙鳴合，句。與天地爲合。句。其合緡緡，句。若愚若昏，句。是謂玄德，句。同乎大順。句。

夫子問於老聃曰：「有人治道若相放，可不可，然不然。辯者有言曰『離堅白，若縣寓』。若是則可謂聖人乎？」老聃曰：「是胥易技係，勞形怵心者也。執留之狗成思，句。猨狚之便自山林。句。來，句。丘，句。予告若，句。而所不能聞與而所不能言，句。凡有首有趾、無心無耳者，句。衆有形者，句。與無形無狀而皆存者，句。盡無。伯父云：「予以意絶句如此。」其動止也，其死生也，其廢起也，此又非其所以也。有治在人，忘乎物，忘乎天，其名爲忘己。忘己之人，是之謂入於天。」

將閭葂見季徹曰：「魯君謂葂也曰：『請受教。』辭不獲命，既已告矣，未知中否，請嘗薦之。吾謂魯君曰：『必服恭儉，拔出公忠之屬而無阿私，民孰敢不輯？』」季徹局局然笑曰：「若夫子之言，於帝王之德，猶螳螂之怒臂以當車軼，則必不勝任矣。且若是，則其自爲處危，其觀臺多，物將往投迹者衆。」將閭葂覷覷然驚曰：「葂也汒若於夫子之所言矣。雖然，願先生之言其風也。」季徹曰：「大聖之治天下也，摇蕩民心，使之成教易俗，舉滅其賊心而皆進其獨志，若性之自爲，而民不知其所由然。若然者，豈兄堯、舜之教民，溟涬然弟之哉？欲同乎德而心居矣。」

子貢南遊於楚，反於晉，過漢陰，見一丈人，方將爲圃畦，鑿隧而入井，抱甕而出灌，搰搰然用力甚多而見功寡。子貢曰：「有械於此，一日浸百畦，用力甚寡而見功多，夫子不欲乎？」爲圃者卬而視之曰：「奈何？」曰：「鑿木爲機，後重前輕，挈水若抽，數如泆湯，其名爲槔。」爲圃者忿然作色而笑曰：「吾聞之吾師，有機械者必有機事，有機事者必有機心。機心存於胸中，則純白不備；純白不備，則神生不定；神生不定者，道之所不載也。吾非不知，羞而不爲也。」子貢瞞然慙，俯而不對。有間，爲圃者曰：「子奚爲者邪？」曰：「孔丘之徒也。」爲圃者曰：「子非夫博學以擬聖，於于以蓋衆，獨弦哀歌以賣名聲於天下者乎？女方將忘女神氣，墮女形骸，而庶幾乎而身之不能治，而何暇治天下乎？子往矣，無乏吾事。」子貢卑陬失色，頊頊然不自得，行三十里而後愈。其弟子曰：「向之人何爲者邪？夫子何故見之變容失色，終日不自反邪？」曰：「始吾以爲天下一人耳，不知復有夫人也。吾聞之夫子，事求可，功求成，用力少，見功多者，聖人之道。今徒不然。執道者德全，德全者形全，形全者神全。神全者，聖人之道也。託生與民並行而不知其所之，汒乎淳備哉。功利機巧必忘夫人之心。若夫人者，非其志不之，非其心不爲。雖以天下譽之，得其所謂，謷然不顧；以天下非之，失其所謂，儻然不受。天下之非譽無益損焉，是謂全德之人哉。我之謂風波之民。」反於魯，以告孔子。孔子曰：「彼假修渾沌氏之術者也。識其一，不知其二，治其內而不治其外。夫明白入素，無爲復朴，體性抱神，以遊世俗之間者，女將固驚邪？且渾沌氏之術，予與女何足以識之哉？」

諄芒將東之大壑，適遇苑風於東海之濱。苑風曰：「子將奚之？」曰：「將之大壑。」曰：「奚爲焉？」曰：「夫大壑之爲物也，注焉而不滿，酌焉而不竭，吾將遊焉。」苑風曰：「夫子無意於横目之民乎？願聞聖治。」諄芒曰：「聖治乎？官施而不失其宜，拔舉而不失其能，畢見其情事而行其所爲，行言自爲而天下化，手撓顧指，四方之民莫不俱至，此之謂聖治。」「願聞德人。」曰：「德人者，居無思，行無慮，不藏是非美惡。四海之內共利之之爲説，共給之之爲安，怊乎若嬰兒之失其母也，儻乎若行而失其道也。財用有餘而不知其所自來，飲食取足而不知其所從，此謂德人之容。」「願聞神人。」曰：「上神乘光，與形滅亡，此謂照曠。晉人諱「昭」，皆書作「照」，右軍法帖皆爾。不知者乃因「照」字作解，可笑也。致命盡情，天地樂而萬事銷亡，萬物復情，此之謂混冥。」

門無鬼與赤張滿稽觀於武王之師，赤張滿稽曰：「不及有虞氏乎，故離此患也。」門無鬼曰：「天下均治而有虞氏治之邪？其亂而後治之與？」赤張滿稽曰：「天下均治之爲願，而何計以有虞氏爲？有虞氏之藥瘍也，禿而施髢，病而求醫。孝子操藥以修慈父，其色燋然，聖人羞之。至德之世，不尚賢，不使能，上如標枝，民如野鹿。端正而不知以爲義，相愛而不知以爲仁，實而不知以爲忠，當而不知以爲信，蠢動而相使，不以爲賜。是故行而無迹，事而無傳。」

孝子不諛其親，忠臣不諂其君，臣、子之盛也。親之所言而然，所行而善，則世俗謂之不肖子；君之所言而然，所行而善，則世俗謂之不肖臣。而未知此其必然邪？世俗之所謂然而然之，所謂善而善之，則不謂之道諛之人也。然則俗故嚴於親而尊於君邪？謂己道人，則勃然作色；謂己諛人，則怫然作色。而終身道人也，終身諛人也，合譬飾辭聚衆也，是終始本末不相坐。垂衣裳，設采色，動容貌，以媚一世，而不自謂道諛；與夫人之爲徒，通是非，而不自謂衆人，愚之至也。知其愚者，非大愚也；知其惑者，非大惑也。大惑者，終身不解；大愚者，終身不靈。三人行而一人惑，所適者猶可致也，惑者少也。二人惑則勞而不至，惑者勝也。而今也以天下惑，予雖有祈嚮，不可得也，不亦悲乎。大聲不入於里耳，《折楊》、《皇荂》，則嗑然而笑。是故高言不止於衆人之心，至言不出，俗言勝也。以二缶鍾惑，而所適不得矣。而今也以天下惑，予雖有祈嚮，其庸可得邪？知其不可得也而强之，又一惑也，故莫若釋之而不推。不推，誰其比憂？

厲之人，夜半生其子，遽取火而視之，汲汲然唯恐其似己也。

百年之木，破爲犧尊，青黄而文之，其斷在溝中。比犧尊於溝中之斷，則美惡有間矣，其於失性一也。跖與曾、史，行義有間矣，然其失性均也。且夫失性有五：一曰五色亂目，使目不明；二曰五聲亂耳，使耳不聰；三曰五臭薰鼻，困惾中顙；四曰五味濁口，使口厲爽；五曰趣舍滑心，使性飛揚。此五者，皆生之害也。而楊、墨乃始離跂自以爲得，非吾所謂得也。夫得者困，可以爲得乎？則鳩鴞之在於籠也，亦可以爲得矣。且夫趣舍聲色以柴其内，皮弁鷸冠搢笏紳修以約其外，内支盈於柴柵，外重纆繳，睆睆然在纆繳之中而自以爲得，則是罪人交臂歷指而虎豹在於囊檻，亦可以爲得矣。

外篇天道第十三六章。

天道運而無所積，故萬物成；帝道運而無所積，故天下歸；聖道運而無所積，故海内服。明於天，通於聖，六通四辟於帝王之德者，其自爲也，昧然無不静者矣。聖人之静也，非曰静也善，故静也；萬物無足以鐃心者，故静也。水静則明燭鬚眉，平中准，大匠取法焉。水静猶明，而況精神？聖人之心静乎，天地之鑒也，萬物之鏡也。夫虚静恬淡寂寞無爲者，天地之平而道德之至，故帝王聖人休焉。休則虚，虚則實，實者倫矣。虚則静，静則動，動則得矣。静則無爲，無爲也，則任事者責矣。無爲則俞俞，俞俞者，憂患不能處，年壽長矣。夫虚静恬淡寂寞無爲者，萬物之本也；明此以南鄉，堯之爲君也；明此以北鄉，舜之爲臣也。以此處上，帝王天子之德也；以此處下，玄聖素王之道也。素王、十二經，是漢人語。以此退居而閒遊，江海山林之士服；以此進爲而撫世，則功大名顯而天下一也。静而聖，動而王，無爲也而尊，朴素而天下莫能與之爭美。夫明白於天地之德者，此之謂大本大宗，與天和者也；所以均調天下，與人和者也。與人和者，謂之人樂；與天和者，謂之天樂。莊子曰：「吾師乎，吾師乎。䪠萬物而不爲戾，澤及萬世而不爲仁，長於上古而不爲壽，覆載天地、刻彫衆形而不爲巧，此之謂天樂。故曰：『知天樂者，其生也天行，其死也物化。靜而與陰同德，動而與陽同波。』故知天樂者，無天怨，無人非，無物累，無鬼責。故曰：『其動也天，其靜也地，一心定而王天下；其鬼不祟，其魂不疲，一心定而萬物服。』言以虛靜推於天地，通於萬物，此之謂天樂。天樂者，聖人之心以畜天下也。夫帝王之德，以天地爲宗，以道德爲主，以無爲爲常。無爲也，則用天下而有餘；有爲也，則爲天下用而不足。故古之人貴夫無爲也。上無爲也，下亦無爲也，是下與上同德，下與上同德則不臣；下有爲也，上亦有爲也，是上與下同道，上與下同道則不主。上必無爲而用天下，下必有爲爲天下用，此不易之道也。故古之王天下者，知雖落天地，不自慮也；辯雖彫萬物，不自説也；能雖窮海内，不自爲也。天不産而萬物化，地不長而萬物育，帝王無爲而天下功。故曰莫神於天，莫富於地，莫大於帝王。故曰帝王之德配天地。此乘天地，馳萬物，而用人群之道也。本在於上，末在於下；要在於主，詳在於臣。三軍五兵之運，德之末也；賞罰利害，五刑之辟，教之末也；禮法度數，形名比詳，「形」字作「刑」，從張君房本改。治之末也；鍾鼓之音，羽旄之容，樂之末也；哭泣衰經，隆殺之服，哀之末也。此五末者，須精神之運，心術之動，然後從之者也。末學者，古人有之，而非所以先也。君先而臣從，父先而子從，兄先而弟從，長先而少從，男先而女從，夫先而婦從。夫尊卑先後，天地之行也，故聖人取象焉。天尊地卑，神明之位也。春夏先，秋冬後，四時之序也。萬物化作，萌區有狀，盛衰之殺，變化之流也。夫天地至神，而有尊卑先後之序，而况人道乎？宗廟尚親，朝廷尚尊，鄉黨尚齒，行事尚賢，大道之序也。語道而非其序者，非其道也。語道而非其道者，安取道？是故古之明大道者，先明天而道德次之，道德已明而仁義次之，仁義已明而分守次之，分守已明而形名次之，形名已明而因任次之，因任已明而原省次之，原省已明而是非次之，是非已明而賞罰次之。賞罰已明而愚知處宜，貴賤履位，仁賢不肖襲情，必分其能，必由其名。以此事上，以此畜下，以此治物，以此修身，知謀不用，必歸其天，此之謂太平治之至也。故書曰：「有形有名。」形名者，古人有之而非所以先也。古之語大道者，五變而形名可舉，九變而賞罰可言也。驟而語形名，不知其本也；驟而語賞罰，不知其始也。倒道而言，迕道而說者，人之所治也，安能治人？驟而語形名賞罰，此有知治之具，非知治之道，可用於天下，不足以用天下。此之謂辯士，一曲之人也。禮法度數，形名比詳，古人有之，此下之所以事上，非上之所以畜下也。昔者舜問於堯曰：「天主之用心何如？」堯曰：「吾不敖無告，不廢窮民，苦死者，嘉孺子而哀婦人，此吾所以用心已。」舜曰：「美則美矣，而未大也。」堯曰：「然則何如？」舜曰：「天德而出寧，日月照而四時行，若晝夜之有經，雲行而雨施矣。」堯曰：「然則膠膠擾擾乎？子，天之合也；我，人之合也。」夫天地者，古之所大也，而黄帝、堯、舜之所共美也。故古之王天下者奚爲哉？天地而已矣。

孔子西藏書於周室，此亦漢人語。藏書者，謂聖人知有秦火而預藏之，所謂藏之名山也。子路謀曰：「由聞周之徵藏史有老聃者，免而歸居，夫子欲藏書，則試往因焉。」孔子曰：「善。」往見老聃，而老聃不許，於是繙十二經以說。老聃中其說，曰：「大謾，願聞其要。」孔子曰：「要在仁義。」老聃曰：「請問仁義，人之性邪？」孔子曰：「然。君子不仁則不成，不義則不生。仁義，真人之性也，又將奚爲矣？」老聃曰：「請問何謂仁義？」孔子曰：「中心物愷，兼愛無私，此仁義之情也。」老聃曰：「意，幾乎後言。夫兼愛，不亦迂乎？無私焉，乃私也。夫子若欲使天下無失其牧乎？則天地固有常矣，日月固有明矣，星辰固有列矣，禽獸固有群矣，樹木固有立矣。夫子亦放德而行，循道而趨，已至矣，又何偈偈乎揭仁義，若擊鼓而求亡子焉？意，夫子亂人之性也。」

士成綺見老子而問曰：「吾聞夫子聖人也，吾固不辭遠道而來願見，百舍重趼而不敢息。今吾觀子，非聖人也。鼠壤有餘蔬而棄妹，不仁也；生熟不盡於前，而積斂無崖。」老子漠然不應。士成綺明日復見，曰：「昔者吾有刺於子，今吾心正卻矣，何故也？」老子曰：「夫巧知神聖之人，吾自以爲脱焉。昔者子呼我牛也而謂之牛，呼我馬也而謂之馬。苟有其實，人與之名而弗受，再受其殃。吾服也恒服，吾非以服有服。」士成綺雁行避影，履行遂進而問：「修身若何？」老子曰：「而容崖然，而目衝然，而顙頯然，而口闞然，而狀義然，似繫馬而止也。動而持，發也機，察而審，知巧而覩於泰，凡以爲不信。邊竟有人焉，其名爲竊。」

老子曰：「夫道，於大不終，於小不遺，故萬物備廣。句。廣乎其無不容也，淵乎其不可測也。形德仁義，神之末也，非至人誰能定之？夫至人有世，不亦大乎，而不足以爲之累。天下奮棅而不與之偕，審乎無假而不與利遷，極物之真，能守其本，故外天地，遺萬物，而神未嘗有所困也。通乎道，合乎德，退仁義，賓禮樂，至人之心有所定矣。」

世之所貴道者，書也。書不過語，語有貴也。語之所貴者，意也，意有所隨。意之所隨者，不可以言傳也，而世因貴言傳書。世雖貴之哉，猶不足貴也，爲其貴非其貴也。故視而可見者，形與色也；聽而可聞者，名與聲也。悲夫，世人以形色名聲爲足以得彼之情。夫形色名聲，果不足以得彼之情，則知者不言，言者不知，而世豈識之哉？

桓公讀書於堂上，輪扁斲輪於堂下，釋椎鑿而上，問桓公曰：「敢問公之所讀者爲何言邪？」公曰：「聖人之言也。」曰：「聖人在乎？」公曰：「已死矣。」曰：「然則君之所讀者，古人之糟魄已夫。」桓公曰：「寡人讀書，輪人安得議乎？有說則可，無說則死。」輪扁曰：「臣也以臣之事觀之。斲輪，徐則甘而不固，疾則苦而不入，不徐不疾，得之於手而應於心，口不能言，有數存焉於其間。臣不能以喻臣之子，臣之子亦不能受之於臣，是以行年七十而老斲輪。古之人與其不可傳也死矣，然則君之所讀者，古人之糟魄已夫。」

外篇天運第十四 十章。

天其運乎？地其處乎？日月其爭於所乎？孰主張是？孰綱維是？孰居無事推而行是？意者其有機緘而不得已邪？意者其運轉而不能自止邪？雲者爲雨乎？雨者爲雲乎？孰隆施是？孰居無事淫樂而勸是？風起北方，一西一東，有上彷徨。孰噓吸是？孰居無事而披拂是？敢問何故？巫咸祒曰：「來，吾語女。天有六極五常，帝王順之則治，逆之則凶。九洛之事，治成德備，監照下土，天下載之，此謂上皇。」

商太宰蕩問仁於莊子，莊子曰：「虎狼，仁也。」曰：「何謂也？」莊子曰：「父子相親，何謂不仁？」曰：「請問至仁。」莊子曰：「至仁無親。」太宰曰：「蕩聞之，無親則不愛，不愛則不孝。謂至仁不孝，可乎？」莊子曰：「不然。夫至仁尚矣，孝固不足以言之。此非過孝之言也，不及孝之言也。夫南行者至於郢，北面而不見冥山，是何也？則去之遠也。故曰：以敬孝易，以愛孝難；以愛孝易，而忘親難；忘親易，使親忘我難；使親忘我易，兼忘天下難；兼忘天下易，使天下兼忘我難。夫德遺堯、舜而不爲也，利澤施於萬世，天下莫知也，豈直太息而言仁孝乎哉？夫孝悌仁義，忠信貞廉，此皆自勉以役其德者也，不足多也。故曰：至貴，國爵并焉；至富，國財并焉；至願，名譽并焉。是以道不渝。」

北門成問於黃帝曰：「帝張《咸池》之樂於洞庭之野，吾始聞之懼，復聞之怠，卒聞之而惑，蕩蕩默默，乃不自得。」帝曰：「女殆其然哉。吾奏之以人，徵之以天，行之以禮義，建之以太清。夫至樂者，先應之以人事，順之以天理，行之以五德，應之以自然，然後調理四時，太和萬物。徐笠山以此三十五字爲郭象注誤入，蓋本之潁濱。四時迭起，萬物循生；一盛一衰，文武倫經；一清一濁，陰陽調和，流光其聲；蟄蟲始作〔二〕，吾驚之以雷霆；其卒無尾，其始無首；一死一生，一僨一起；所常無窮，而一不可待。女故懼也。吾又奏之以陰陽之和，燭之以日月之明；其聲能短能長，能柔能剛；變化齊一，不主故常；在谷滿谷，在阬滿阬；塗郤守神，以物爲量。其聲揮綽，其名高明。是故鬼神守其幽，日月星辰行其紀。吾止之於有窮，流之於無止。予欲慮之而不能知也，望之而不能見也，逐之而不能及也。儻然立於四虛之道，倚於槁梧而吟。目知窮乎所欲見，力屈乎所欲逐，吾既不及已夫。形充空虛，乃至委蛇。女委蛇，故怠。吾又奏之以無怠之聲，調之以自然之命，故若混逐叢生，林樂而無形，布揮而不曳，幽昏而無聲。動於無方，居於窈冥；或謂

〔二〕「蟲」，原作「蟄」，據《道藏》成疏本卷一六改。

之死，或謂之生；或謂之實，或謂之榮；行流散徙，不主常聲。世疑之，稽於聖人。聖也者，達於情而遂於命也。天機不張而五官皆備，此之謂天樂，無言而心説。故有焱氏爲之頌曰：『聽之不聞其聲，視之不見其形，充滿天地，苞裹六極。』女欲聽之而無接焉，而故惑也。樂也者，始於懼，懼故祟；吾又次之以怠，怠故遯；卒之於惑，惑故愚；愚故道，道可載而與之俱也。」

孔子西遊於衛，顔淵問師金曰：「以夫子之行爲奚如？」師金曰：「惜乎，而夫子其窮哉。」顔淵曰：「何也？」師金曰：「夫芻狗之未陳也，盛以篋衍，巾以文繡，尸祝齊戒以將之。及其已陳也，行者踐其首脊，蘇者取而爨之而已。將復取而盛以篋衍，巾以文繡，遊居寢臥其下，彼不得夢，必且數眯焉。今而夫子亦取先王已陳芻狗，取弟子遊居寢臥其下，故伐樹於宋，削迹於衛，窮於商周，是非其夢邪？圍於陳、蔡之間，七日不火食，死生相與鄰，是非其眯邪？夫水行莫如用舟，而陸行莫如用車，以舟之可行於水也，而求推之於陸，則没世不行尋常。古今非水陸與？周、魯非舟車與？今蘄行周於魯，是猶推舟於陸也。勞而無功，身必有殃。彼未知夫無方之傳，應物而不窮者也。且子獨不見夫桔槹者乎？引之則俯，舍之則仰。彼，人之所引，非引人也，故俯仰而不得罪於人。故夫三皇五帝之禮義法度，不矜於同而矜於治。故譬三皇五帝之禮義法度，其猶柤梨橘柚邪？其味相反而皆可於口。故禮義法度者，應時而變者也。今取猨狙而衣以周公之服，彼必齕齧挽裂，盡去而後慊。觀古今之異，猶猨狙之異乎周公也。故西施病心而矉其里，其里之醜人見而美之，歸亦捧心而矉其里。其里之富人見之，堅閉門而不出；貧人見之，挈妻子而去之走。彼知美矉，而不知矉之所以美。惜乎，而夫子其窮哉。」

孔子行年五十有一而不聞道，乃南之沛見老聃。老聃曰：「子來乎？吾聞子，北方之賢者也。子亦得道乎？」孔子曰：「未得也。」老子曰：「子惡乎求之哉？」曰：「吾求之於度數，五年而未得也。」老子曰：「子又惡乎求之哉？」曰：「吾求之於陰陽，十有二年而未得。」老子曰：「然，使道而可獻，則人莫不獻之於其君；使道而可進，則人莫不進之於其親；使道而可以告人，則人莫不告其兄弟；使道而可以與人，則人莫不與其子孫。然而不可者，無他也，中無主而不止，外無正而不行。由中出者，不受於外，聖人不出；由外入者，無主於中，聖人不隱。名，公器也，不可多取。仁義，先王之蘧廬也，止可以一宿而不可久處，覯而多責。古之至人假道於仁，託宿於義，以遊逍遥之墟，食於苟簡之田，立於不貸之圃。逍遥，無爲也；苟簡，易養也；不貸，無出也。古者謂是采真之遊。」

以富爲是者，不能讓禄；以顯爲是者，不能讓名；親權者，不能與人柄。操之則慄，舍之則悲，而一無所鑒，以闚其所不休者，是天之戮民也。

怨、恩、取、與、諫、教、生、殺八者，正之器也，惟循大變無所湮者爲能用之，故曰：正者，正也。其心以爲不然者，天門弗開矣。孔子見老聃而語仁義，老聃曰：「夫播穅眯目，則天地四方易位矣。蚊虻噆膚，則通昔不寐矣。夫仁義憯然，乃憒吾心，亂莫大焉。吾子使天下無失其朴，吾子亦放風而動，總德而立矣，又奚傑傑然若負建鼓而求亡子者邪？下「傑」字從張本增。夫鵠不日浴而白，烏不日黔而黑。黑白之朴，不足以爲辯；名譽之觀，不足以爲廣。泉涸，魚相與處於陸，相呴以溼，相濡以沫，不若相忘於江湖。」所記淺於《史記·老子列傳》語，豈莊子之文哉？

孔子見老聃，歸，三日不談。弟子問曰：「夫子見老聃，亦將何規哉？」孔子曰：「吾乃今於是乎見龍。龍，合而成體，散而成章，乘乎雲氣，而養乎陰陽。予口張而不能噲，予又何規老聃哉？」子貢曰：「然則人固有尸居而龍見，雷聲而淵默，發動如天地者乎？賜亦可得而觀乎？」遂以孔子聲見老聃，老聃方將倨堂而應，微曰：「予年運而往矣，子將何以戒我乎？」子貢曰：「夫三王五帝之治天下不同，其係聲名一也。而先生獨以爲非聖人，如何哉？」老聃曰：「小子少進。子何以謂不同？」對曰：「堯授舜，舜授禹，禹用力而湯用兵，文王順紂而不敢逆，武王逆紂而不肯順，故曰不同。」老聃曰：

「小子少進，予語女三王五帝之治天下也。昔黄帝之治天下，使民心一，民有其親死不哭而民不非也。堯之治天下，使民心親，民有爲其親殺其殺而民不非也。舜之治天下，使民心競，民孕婦十月生子，子生五月而能言，不至乎孩而始誰，則人始有夭矣〔二〕。禹之治天下，使民心變，人有心而兵有順，殺盜非殺，人自爲種而天下耳，是以天下大駭，儒、墨皆起。其作始有倫，而今乎婦女，何言哉？予語女，三皇五帝之治天下，名曰治之，而亂莫甚焉。三皇之知，上悖日月之明，下睽山川之精，中墮四時之施。其知憯於蠆蠆之尾，鮮規之獸，莫得安其性命之情者，而猶自以爲聖人，不可恥乎？其無恥也。」子貢蹵蹵然立不安。

孔子謂老聃曰：「丘治《詩》、《書》、《禮》、《樂》、《易》、《春秋》六經，自以爲久矣，孰知其故矣。以奸者七十二君，論先王之道而明周、召之迹，一君無所鉤用。甚矣夫，人之難説也，道之難明邪？」老子曰：「幸矣子之不遇治世之君也。夫六經，先王之陳迹也，豈其所以迹哉？今子之所言，猶迹也。夫迹，履之所出，而迹豈履哉？夫白鶂之相視，眸子不運而風化；蟲，雄鳴於上風，雌應於下風而化，類自爲雌雄，故風化。性不

〔二〕「夭」，原作「大」，據世德堂本卷五改。

可易，命不可變，時不可止，道不可壅。苟得於道，無自而不可；失焉者，無自而可。」孔子不出三月，復見曰：「丘得之矣。烏鵲孺，魚傅沫，細要者化，有弟而兄嗁。久矣夫，丘不與化爲人。不與化爲人，安能化人？」老子曰：「可。丘得之矣。」此章非莊子不能爲矣。

莊子章義卷三

外篇刻意第十五

一章。此篇乃司馬談《論六家要指》之類，漢人之文耳。然自有可取處。

刻意尚行，離世異俗，高論怨誹，爲亢而已矣。此山谷之士，非世之人，枯槁赴淵者之所好也。語仁義忠信，恭儉推讓，爲修而已矣。此平世之士，教誨之人，遊居學者之所好也。語大功，立大名，禮君臣，正上下，爲治而已矣。此朝廷之士，尊主彊國之人，致功并兼者之所好也。就藪澤，處閒曠，釣魚閒處，無爲而已矣。此江海之士，避世之人，閒暇者之所好也。吹呴呼吸，吐故納新，熊經鳥伸，爲壽而已矣。此道引之士，養形之人，彭祖壽考者之所好也。若夫不刻意而高，無仁義而修，無功名而治，無江海而閒，不道引而壽，無不忘也，無不有也，淡然無極而衆美從之，此天地之道，聖人之德也。故曰：夫恬惔寂漠，虛無無爲，此天地之平而道德之質也。故曰：聖人休休焉則平易矣，平易則恬惔矣。平易恬惔，則憂患不能入，邪氣不能襲，故其德全而神不虧。故曰：聖人之生也天行，其死也物化；靜而與陰同德，動而與陽同波；不爲福先，不爲禍始；感而後應，迫而後動，不得已而後起；去知與故，知者，私意也。故者，結習也。循天之理。數語甚精，蓋周諸子之語。故無天災，無物累，無人非，無鬼責。其生若浮，其死若休；不思慮，不豫謀；光矣而不耀，信矣而不期；其寢不夢，其覺無憂，其神純粹，其魂不罷；虛無恬惔，乃合天德。故曰：悲樂者，德之邪；喜怒者，道之過；好惡者，德之失。故心不憂樂，德之至也；一而不變，靜之至也；無所於忤，虛之至也；不與物交，淡之至也；無所於逆，粹之至也。故曰：形勞而不休則弊，精用而不已則勞，勞則竭。水之性，不雜則清，莫動則平，鬱閉而不流，亦不能清，天德之象也。故曰：純粹而不雜，靜一而不變，淡而無爲，動而以天行，此養神之道也。夫有干越之劍者，柙而藏之，不敢用也，寶之至也。精神四達竝流，無所不極，上察於天，下蟠於地，化育萬物，不可爲象，其名爲同帝。純素之道，唯神是守。守而勿失，與神爲一。一之精通，合於天倫。野語有之曰：「衆人重利，廉士重名，賢士尚志，聖人貴精。」故素也者，謂其無所與雜也；純也者，謂其不虧其神也。能體純素，謂之真人。

外篇繕性第十六 一章。

繕性於俗，俗學以求復其初；滑欲於俗，思以求致其明，謂之蔽蒙之民。古之治道者，以恬養知，知生而無以知爲也，上「知」字從張君房本增。謂之以知養恬。知與恬交相養，而和理出其性。夫德，和也；道，理也。德無不容，仁也；道無不理，義也；義明而物親，忠也；中純實而反乎情，樂也；信行容體而順乎文，禮也。禮樂徧行，則天下亂矣。彼正而蒙己德，德則不冒，冒則物必失其性也。古之人在混芒之中，與一世而得淡漠焉。當是時也，陰陽和靜，鬼神不擾，四時得節，萬物不傷，群生不夭，人雖有知，無所用之，此之謂至一。當是時也，莫之爲而常自然。逮德下衰，及燧人、伏戲始爲天下，是故順而不一。德又下衰，及神農、黄帝始爲天下，是故安而不順。德又下衰，及唐、虞始爲天下，興治化之流，澆醇散朴，離道以善，險德以行，然後去性而從於心。心與心識，知而不足以定天下，然後附之以文，益之以博。文滅質，博溺心，然後民始惑亂，無以反其性情而復其初。由是觀之，世喪道矣，道喪世矣。世與道交相喪也，道之人何由興乎世，世亦何由興乎道哉？道無以興乎世，世無以興乎道，雖聖人不在山林之中，其德隱矣。隱，故不自隱。古之所謂隱士者，非伏其身而弗見也，非閉其言而不出也，非藏其知而不發也，時命大謬也。當時命而大行乎天下，則反一無迹；不當時命而大窮乎天下，則深根寧極而待，此存身之道也。古之存身者，不以辯飾知，不以知窮天下，不以知窮德，危然處其所而反其性已，又何爲哉？道固不小行，德固不小識。小識傷德，小行傷道。故曰：正己而已矣。樂全之謂得志。古之所謂得志者，非軒冕之謂也，謂其無以益其樂而已矣。今之所謂得志者，軒冕之謂也。軒冕在身，非性命有之也，「有之」字從張本增。物之儻來，寄也。寄之，其來不可圉，其去不可止。故不爲軒冕肆志，不爲窮約趨俗，其樂彼與此同，故無憂而已矣。今寄去則不樂，由是觀之，雖樂，未嘗不荒也。故曰：喪己於物，失性於俗者，謂之倒置之民。

外篇秋水第十七七章。

秋水時至，百川灌河，涇流之大，兩涘渚涯之間，不辨牛馬。於是焉河伯欣然自喜，以天下之美爲盡在己，順流而東行，至於北海，東面而視，不見水端。於是焉河伯始旋其面目，望洋向若而歎曰：「野語有之曰：聞道百，以爲莫己若者，我之謂也。且夫我嘗聞少仲尼之聞而輕伯夷之義者，始吾弗信。今我睹子之難窮也，吾非至於子之門則殆矣，吾長見笑於大方之家。」北海若曰：「井鼃不可以語於海者，拘於虛也；夏蟲不可以語於冰者，篤於時也；曲士不可以語於道者，束於教也。今爾出於涯涘，觀於大海，乃知爾醜，爾將可與語大理矣。天下之水，莫大於海，萬川歸之，不知何時止而不盈，尾閭泄之，不知何時已而不虛，春秋不變，水旱不知〔一〕。此其過江河之流，不可爲量數。而吾未嘗以此自多者，自以比形於天地，而受氣於陰陽，吾在天地之間，猶小石小木之在大山也。方存乎見少，又奚以自多？計四海之在天地之間也，不似礨空之在大澤乎？計中國之在海內，不似稊米之在太倉乎？號物之數謂之萬，人處一焉；人卒九州，穀食之所生，舟車

〔一〕「旱」，原作「早」，據世德堂本卷六改。

之所通，人處一焉，此其比萬物也，不似豪末之在於馬體乎？五帝之所連，三王之所爭，仁人之所憂，任士之所勞，盡此矣。伯夷辭之以爲名，仲尼語之以爲博，此其自多也，不似爾向之自多於水乎？」河伯曰：「然則吾大天地而小豪末，可乎？」北海若曰：「否。夫物，量無窮，時無止，分無常，終始無故。是故大知觀於遠近，故小而不寡，大而不多，知量無窮。句。證嚮今故，句。故遥而不悶，掇而不跂，知時無止。句。察乎盈虚，故得而不喜，失而不憂，知分之無常也。明乎坦塗，故生而不説，死而不禍，知終始之不可故也。計人之所知，不若其所不知；其生之時，不若未生之時。以其至小求窮其至大之域，是故迷亂而不能自得也。由此觀之，又何以知豪末之足以定至細之倪？又何以知天地之足以窮至大之域？」河伯曰：「世之議者皆曰：『至精無形，至大不可圍。』是信情乎？」北海若曰：「夫自細視大者不盡，自大視細者不明。夫精，小之微也；垺，大之殷也，故異便，此勢之有也。夫精粗者，期於有形者也；無形者，數之所不能分也；不可圍者，數之所不能窮也。可以言論者，物之粗也；可以意致者，物之精也；言之所不能論，意之所不能察致者，不期精粗焉。是故大人之行，不出乎害人，不多仁恩；動不爲利，不賤門隸；貨財弗爭，不多辭讓；事焉不借人，不多食乎力，不賤貪汙；行殊乎俗，不多辟異；爲在從衆，不賤佞諂；世之爵禄不足以爲勸，戮恥不足以爲辱；此處語意極害教，然非莊子文也。蓋所謂「其子必且行劫」者也。知是非之不可爲分，細大之不可爲倪。聞曰：『道人不聞，至德不得，大人無己。』約分之至也。」河伯曰：「若物之外，若物之内，惡至而倪貴賤？惡至而倪小大？」北海若曰：「以道觀之，物無貴賤；以物觀之，自貴而相賤；以俗觀之，貴賤不在己。以差觀之，因其所大而大之，則萬物莫不大；因其所小而小之，則萬物莫不小。知天地之爲稊米也，知豪末之爲邱山也，則差數覩矣。以功觀之，因其所有而有之，則萬物莫不有；因其所無而無之，則萬物莫不無。知東西之相反而不可以相無，則功分定矣。以趣觀之，因其所然而然之，則萬物莫不然；因其所非而非之，則萬物莫不非。知堯、桀之自然而相非，則趣操覩矣。昔者堯、舜讓而帝，之、噲讓而絶，之、噲，莊子同時，必不曰「昔者」。湯、武爭而王，白公爭而滅。由此觀之，爭讓之禮，堯、桀之行，貴賤有時，未可以爲常也。梁麗可以衝城而不可以窒穴，言殊器也。騏驥驊騮一日而馳千里，捕鼠不如狸狌，言殊技也。鴟鵂夜撮蚤，察豪末，晝出瞋目而不見邱山，言殊性也。故曰：蓋師是而無非，師治而無亂乎？是未明天地之理，萬物之情者也。是猶師天而無地，師陰而無陽，其不可行明矣。然且語而不舍，非愚則誣也。帝王殊禪，三代殊繼。差其時，逆其俗者，謂之簒夫；當其時，順其俗者，謂之義之徒。默默乎河伯，女惡知貴賤之門，小大之家？」河伯曰：「然則我何爲乎？何不爲乎？吾辭受趣舍，吾終奈何？」

北海若曰：「以道觀之，何貴何賤，是謂反衍；無拘而志，與道大蹇。何少何多，是謂謝施；無一而行，與道參差。嚴乎若國之有君，其無私德；繇繇乎若祭之有社，其無私福；汎汎乎其若四方之無窮，其無所畛域。兼懷萬物，其孰承翼？是謂無方。萬物一齊，孰短孰長？道無終始，物有死生，不恃其成。一虛一滿，不位乎其形。年不可舉，時不可止。消息盈虛，終則有始。是所以語大義之方，論萬物之理也。物之生也，若驟若馳，無動而不變，無時而不移。何爲乎？何不爲乎？夫固將自化。」河伯曰：「然則何貴於道邪？」北海若曰：「知道者必達於理，達於理者必明於權，明於權者不以物害己。至德者，火弗能熱，水弗能溺，寒暑弗能害，禽獸弗能賊。非謂其薄之也，言察乎安危，寧於禍福，謹於去就，莫之能害也。故曰：天在內，人在外，德在乎天。知乎人之行，「乎」字作「天」，從張君房本改。本乎天，位乎得，蹢躅而屈伸，反要而語極。」曰：「何謂天？何謂人？」北海若曰：「牛馬四足，是謂天。落馬首，穿牛鼻，是謂人。故曰：無以人滅天，無以故滅命，無以得殉名。謹守而勿失，是謂反其真。」夔憐蚿，蚿憐蛇，蛇憐風，風憐目，目憐心。夔謂蚿曰：「吾以一足跉卓而行，予無如矣。今子之使萬足，獨奈何？」蚿曰：「不然。子不見夫唾者乎？噴則大者如珠，小者如霧，雜而下者不可勝數也。今予動吾天機，而不知其所以然。」蚿謂蛇曰：「吾以衆足行，而不及子之無足，何也？」蛇曰：「夫天機之所動，何可易邪？吾安用足哉？」蛇謂風曰：「予動吾脊脅而行，則有似也。今子蓬蓬然起於北海，蓬蓬然入於南海，而似無有，何也？」風曰：「然。予蓬蓬然起於北海而入於南海也，然而指我則勝我，鰌我亦勝我。雖然，夫折大木、蜚大屋者，唯我能也，故以衆小不勝爲大勝也。爲大勝者，唯聖人能之。」此段乃是殘缺，以目、心不必言者，吾不以爲然。

孔子遊於匡，宋人圍之數匝，而弦歌不輟。子路入見曰：「何夫子之娱也？」孔子曰：「來，吾語女。我諱窮久矣，而不免，命也；求通久矣，而不得，時也。當堯、舜而天下無窮人，非知得也；當桀、紂而天下無通人，非知失也。時勢適然。夫水行不避蛟龍者，漁父之勇也；陸行不避兕虎者，獵夫之勇也；白刃交於前，視死若生者，烈士之勇也；知窮之有命，知通之有時，臨大難而不懼者，聖人之勇也。由，處矣，吾命有所制矣。」無幾何，將甲者進，辭曰：「以爲陽虎也，故圍之。今非也，請辭而退。」

公孫龍問於魏牟曰：「龍少學先王之道，長而明仁義之行，合同異，離堅白，然不然，可不可，困百家之知，窮衆口之辯，吾自以爲至達已。今吾聞莊子之言，汒焉異之，不知論之不及與？知之弗若與？今吾無所開吾喙，敢問其方。」公孫龍與莊生時不相及，此其弟子所記耳。公子牟隱机太息，仰天而笑曰：「子獨不聞夫埳井之鼃乎？謂東海之鱉曰：『吾樂與。吾跳梁乎井幹之上，入休乎缺甃之崖，赴水則接掖持頤，蹶泥則没足滅跗。還虷蟹與科斗，莫吾能若也。且夫擅一壑之水，而跨跱埳井之樂，此亦至矣。夫子奚不時來入觀乎？』東海之鼈左足未入，而右膝已縶矣，於是逡巡而卻，告之海曰：『夫千里之遠，不足以舉其大；千仞之高，不足以極其深。禹之時，十年九潦，而水弗爲加益。湯之時，八年七旱，而崖不爲加損。夫不爲頃久推移，不以多少進退者，此亦東海之大樂也。』於是埳井之鼃聞之，適適然驚，規規然自失也。且夫知不知是非之竟，而猶欲觀於莊子之言，是猶使蚊負山，商蚷馳河也〔一〕，必不勝任矣。且夫知不知論極妙之言，而自適一時之利者，是非埳井之鼃與？且彼方跐黄泉而登大皇，無南無北，奭然四解，淪於不測；無東無西，以韻求之，東、西字易。始於玄冥，反於大通。子乃規規然而求之以察，索之以辯，是直用管闚天，用錐指地也，不亦小乎？子往矣。且子獨不聞夫壽陵餘子之學行於邯鄲與？未得國能，又失其故行矣，直匍匐而歸耳。今子不去，將忘子之故，失子之業。」公孫龍口呿而不合，舌舉而不下，乃逸而走。

莊子釣於濮水，楚王使大夫二人往先焉，曰：「願以竟内累矣。」莊子持竿不顧，

〔一〕「蚷」，原作「距」，據世德堂本卷六改。

曰：「吾聞楚有神龜，死已三千歲矣，王巾笥而藏之廟堂之上。此龜者，寧其死爲留骨而貴乎？寧其生而曳尾於塗中乎？」二大夫曰：「寧生而曳尾塗中。」莊子曰：「往矣。吾將曳尾於塗中。」

惠子相梁，莊子往見之。或謂惠子曰：「莊子來，欲代子相。」於是惠子恐，挍於國中三日三夜。莊子往見之，曰：「南方有鳥，其名鵷鶵，子知之乎？夫鵷鶵發於南海而飛於北海，非梧桐不止，非練實不食，非醴泉不飲。於是鴟得腐鼠，鵷鶵過之，仰而視之，曰：『嚇。』今子欲以子之梁國而嚇我邪？」記此語者，莊生弟子之徒之陋也。

莊子與惠子遊於濠梁之上，莊子曰：「儵魚出遊從容，是魚樂也。」惠子曰：「子非魚，安知魚之樂？」莊子曰：「子非我，安知我不知魚之樂？」儵魚，即《至樂》篇「食之鰌鯈」「鯈」字耳，而經籍多誤作「儵」。惠子曰：「我非子，固不知子矣。子固非魚也，子之不知魚之樂，全矣。」莊子曰：「請循其本。子曰『女安知魚樂』云者，既已知吾知之而問我，我知之濠上也。」

外篇至樂第十八 六章。

天下有至樂無有哉？有可以活身者無有哉？今奚爲奚據？奚避奚處？奚就奚去？奚樂奚惡？夫天下之所尊者，富貴壽善也；所樂者，身安厚味美服好色音聲也；所下者，貧賤夭惡也；所苦者，身不得安逸，口不得厚味，形不得美服，目不得好色，耳不得音聲。若不得者，則大憂以懼，其爲形也亦愚哉。夫富者，苦身疾作，多積財而不得盡用，其爲形也亦外矣。夫貴者，夜以繼日，思慮善否，其爲形也亦疏矣。人之生也，與憂俱生，壽者惛惛，久憂不死，何之苦也？之，是也。言何若是苦也。其爲形也亦遠矣。烈士爲天下見善矣，未足以活身。吾未知善之誠善邪？誠不善邪？若以爲善矣，不足活身；以爲不善矣，足以活人。故曰：忠諫不聽，蹲循勿爭。故夫子胥爭之，以殘其形；不爭，名亦不成。誠有善無有哉？今俗之所爲與其所樂，吾又未知樂之果樂邪，果不樂邪？吾觀夫俗之所樂，舉群趣者，誙誙然如將不得已，而皆曰樂者，吾未之樂也，亦未之不樂也。果有樂無有哉？吾以無爲誠樂矣，又俗之所大苦也。故曰：至樂無樂，至譽無譽。天下是非果未可定也。雖然，無爲可以定是非。至樂活身，唯無爲幾存。請嘗試言之：天無爲以之清，地無爲以之寧，故兩無爲相合，萬物皆化生。「生」字，從江南本增。芒乎芴乎，而無從出乎。芴乎芒乎，而無有象乎。萬物職職，皆從無爲殖。故曰：天地無爲也而無不爲也。人也孰能得無爲哉？

莊子妻死，惠子弔之。莊子則方箕踞鼓盆而歌，惠子曰：「與人居，長子、老、身死，不哭亦足矣，又鼓盆而歌，不亦甚乎？」莊子曰：「不然。是其始死也，我獨何能無概然。察其始而本無生，非徒無生也，而本無形，非徒無形也，而本無氣。離乎芒芴之間，變而有氣，氣變而有形，形變而有生，今又變而之死，是相與爲春秋冬夏四時行也。人且偃然寢於巨室，而我噭噭然隨而哭之，自以爲不通乎命，故止也。」

支離叔與滑介叔觀於冥伯之邱，崑崙之虛，黄帝之所休。俄而柳生其左肘，其意蹶蹶然惡之。支離叔曰：「子惡之乎？」滑介叔曰：「亡，予何惡？生者假借也，假之而生生者，塵垢也。死生爲晝夜。且吾與子觀化而化及我，我又何惡焉？」

莊子之楚，見空髑髏，髐然有形。撽以馬捶，因而問之曰：「夫子貪生失理而爲此乎？將子有亡國之事、斧鉞之誅而爲此乎？將子有不善之行，愧遺父母妻子之醜而爲此乎？將子有凍餒之患而爲此乎？將子之春秋故及此乎？」於是語卒，援髑髏，枕而臥。夜半髑髏見夢曰：「向子之談者，「向」字，從張君房本增。似辯士。諸子所言，皆生人之累也，死則無此矣。子欲聞死之説乎？」莊子曰：「然。」髑髏曰：「死，無君於上，無臣於下，亦無四時之事，從然以天地爲春秋，雖南面王樂，不能過也。」莊子不信，曰：「吾使司命復生子形，爲子骨肉肌膚，反子父母、妻子、閭里、知識，子欲之乎？」髑髏深矉蹙頞曰：「吾安能棄南面王樂而復爲人間之勞乎？」

顔淵東之齊，孔子有憂色。子貢下席而問曰：「小子敢問，回東之齊，夫子有憂色，何邪？」孔子曰：「善哉女問。昔者管子有言，丘甚善之。曰：『褚小者不可以懷大，綆短者不可以汲深。』夫若是者，以爲命有所成而形有所適也，夫不可損益。吾恐回與齊侯言堯、舜、黄帝之道，而重以燧人、神農之言。彼將内求於己而不得，不得則惑，人惑則死。且女獨不聞邪？昔者海鳥止於魯郊，魯郊御而觴之於廟，奏《九韶》以爲樂，具太牢以爲膳。鳥乃眩視憂悲，不敢食一臠，不敢飲一杯，三日而死。此以己養養鳥也，非以鳥養養鳥也。夫以鳥養養鳥者，宜棲之深林，遊之壇陸，浮之江湖，食之鰌鰷，隨行列而止，委蛇而處。彼唯人言之惡聞，奚以夫譊譊爲乎？《咸池》、《九韶》之樂，張之洞庭之野，鳥聞之而飛，獸聞之而走，魚聞之而下入，人卒聞之，相與還而觀之。魚處水而生，人處水而死，彼必相與異，其好惡故異也。故先聖不一其能，不同其事。名止於實，義設於適，是之謂條達而福持。」

列子行，食於道，從見百歲髑髏，攓蓬而指之曰：「唯予與女知而未嘗死，未嘗生也。

若果養乎？予果歡乎？」養，長也。《夏小正》「時有養夜」。言若果長死乎？種有幾，得水則爲㡭，得水土之際則爲鼃蠙之衣，生於陵屯則爲陵舄，陵舄得鬱棲則爲烏足。烏足之根爲蠐螬，其葉爲胡蝶。胡蝶胥也胥是長老之意，言胡蝶之老者。化而爲蟲，生於竈下，其狀若脱，其名爲鴝掇。鴝掇千日爲鳥，其名爲乾餘骨。乾餘骨之沫爲斯彌，斯彌爲食醯。頤輅生乎食醯，黄軦生乎九猷，瞀芮生乎腐蠸，羊奚比乎不箰，久竹生青寧，青寧生程，程生馬，馬生人，人又反入於機。萬物皆出於機，皆入於機。

外篇達生第十九十四章。

達生之情者，不務生之所無以爲；達命之情者，不務知之所無奈何。養形必先之物，物有餘而形不養者有之矣；有生必先無離形，形不離而生亡者有之矣。生之來不能卻，其去不能止。悲夫。世之人以爲養形足以存生，而養形果不足以存生，則世奚足爲哉？雖不足爲而不可不爲者，其爲不免矣。夫欲免爲形者，莫如棄世。棄世則無累，無累則正平，正平則與彼更生，更生則幾矣。事奚足棄而生奚足遺？棄事則形不勞，遺生則精不虧。夫形全精復，與天爲一。天地者，萬物之父母也，合則成體，散則成始。形精不虧，是謂能移，精而又精，反以相天。

子列子問關尹曰：「至人潛行不窒，蹈火不熱，行乎萬物之上而不慄。請問何以至於此？」關尹曰：「是純氣之守也，非知巧果敢之列。居，予語女。凡有貌象聲色者，皆物也。物何以相遠？夫奚足以至乎先？是形色而已。「形」字，從江南本增。則物之造乎不形而止乎無所化，夫得是而窮之者，物焉得而正焉？「正」字作「止」，從張君房本改。彼將處乎不淫之度，而藏乎無端之紀，遊乎萬物之所終始，壹其性，養其氣，合其德，以通乎物之所造。夫若是者，其天守全，其神無郤，物奚自入焉？夫醉者之墜車，雖疾不死。骨節與人同，而犯害與人異，其神全也。乘亦不知也，墜亦不知也，死生驚懼不入乎其胸中，是故遻物而不慴。彼得全於酒而猶若是，而况得全於天乎？聖人藏於天，故莫之能傷也。復讎者不折鏌干，雖有忮心者不怨飄瓦，是以天下平均。故無攻戰之亂，無殺戮之刑者，由此道也。不開人之天，而開天之天。開天者德生，開人者賊生。不厭其天，不忽於人，民幾乎以其真。」

仲尼適楚，出於林中，見痀僂者承蜩，猶掇之也。仲尼曰：「子巧乎，有道邪？」曰：「我有道也。五六月累丸二而不墜，則失者錙銖。累三而不墜，則失者十一。累五而不墜，猶掇之也。吾處身也，若橛株拘；吾執臂也，若槁木之枝。雖天地之大，萬物之多，而唯蜩翼之知。吾不反不側，不以萬物易蜩之翼，何爲而不得？」孔子顧謂弟子曰：「用志不分，乃疑於神，其痀僂丈人之謂乎？」

顏淵問仲尼曰：「吾嘗濟乎觴深之淵，津人操舟若神。吾問焉曰：『操舟可學邪？』曰：『可。善遊者數能，若乃夫没人，則未嘗見舟而便操之也。』吾問焉而不吾告，敢問何謂也？」仲尼曰：「善遊者數能，忘水也。若乃夫没人之未嘗見舟而便操之也，彼視淵若陵，視舟之覆猶其車卻也。覆卻萬方陳乎前而不得入其舍，惡往而不暇？以瓦注者巧，以鉤注者憚，以黄金注者殙。其巧一也，而有所矜，則重外也。凡外重者内拙。」

田開之見周威公，威公曰：「吾聞祝腎學生，吾子與祝腎遊，亦何聞焉？」田開之曰：「開之操拔篲以侍門庭，亦何聞於夫子？」威公曰：「田子無讓，寡人願聞之。」開之曰：「聞之夫子曰：『善養生者若牧羊然，視其後者而鞭之。』」威公曰：「何謂也？」田開之曰：「魯有單豹者，巖居而水飲，不與民共利，行年七十而猶有嬰兒之色，不幸遇餓虎，餓虎殺而食之。有張毅者，高門縣薄，無不走也，行年四十而有內熱之病以死。豹養其內而虎食其外，毅養其外而病攻其內，此二子者，皆不鞭其後者也。」仲尼曰：「無入而藏，無出而陽，柴立其中央。三者若得，其名必極。夫畏塗者，十殺一人，則父子兄弟相戒也，必盛卒徒而後敢出焉，不亦知乎？人之所取畏者，衽席之上，飲食之間，而不知爲之戒者，過也。」此處余始分三章，今仍作一章。「畏塗」一段，專爲周威公輩言之，自爲警切。

祝宗人玄端以臨牢筴，說彘曰：「女奚惡死？吾將三月犙女，十日戒，三日齊，藉白茅，加女肩尻乎雕俎之上，則女爲之乎？」爲彘謀曰：「不如食以糠糟而錯之牢筴之中。」自爲謀，則苟生有軒冕之尊，死得於腞楯之上、聚僂之中則爲之。爲彘謀則去之，自爲謀則取之，所異彘者何也？

桓公田於澤，管仲御，見鬼焉。公撫管仲之手曰：「仲父何見？」對曰：「臣無所見。」公反，誒詒爲病，數日不出。齊士有皇子告敖者，曰：「公則自傷，鬼惡能傷公？夫忿滀之氣，散而不反，則爲不足；上而不下，則使人善怒；下而不上，則使人善忘；不上不下，中身當心，則爲病。」桓公曰：「然則有鬼乎？」曰：「有。沈有履，竈有髻。户内之煩壤，雷霆處之；東北方之下者，倍阿鮭蠪躍之；西北方之下者，則泆陽處之。水有罔象，邱有峷，山有夔，野有方皇，澤有委蛇。」公曰：「請問委蛇之狀何如？」皇子曰：「委蛇，其大如轂，其長如轅，紫衣而朱冠。其爲物也，惡聞雷車之聲，則捧其首而立。見之者殆乎霸。」桓公辴然而笑曰：「此寡人之所見者也。」於是正衣冠與之坐，不終日而不知病之去也。

紀渻子爲王養鬬雞，十日而問：「鷄已乎？」曰：「未也，方虛憍而恃氣。」十日又問，曰：「未也，猶應嚮景。」十日又問，曰：「未也，猶疾視而盛氣。」十日又問，曰：「幾矣。雞雖有鳴者，已無變矣，望之似木雞矣，其德全矣。異雞無敢應者，反走矣。」

孔子觀於吕梁，縣水三十仞，流沫四十里，黿鼉魚鼈之所不能遊也。見一丈夫遊之，以爲有苦而欲死也，使弟子竝流而拯之。數百步而出，被髮行歌而遊於塘下。孔子從而問焉，曰：「吾以子爲鬼，察子則人也。請問蹈水有道乎？」曰：「亡，吾無道。吾始乎故，長乎性，成乎命。與齊俱入，與汩偕出，從水之道而不爲私焉。此吾所以蹈之也。」孔子曰：「何謂始乎故，長乎性，成乎命？」曰：「吾生於陵而安於陵，故也；長於水而安於水，性也；不知吾所以然而然，命也。」

梓慶削木爲鐻，鐻成，見者驚猶鬼神。魯侯見而問焉，曰：「子何術以爲焉？」對曰：「臣工人，何術之有？雖然，有一焉。臣將爲鐻，未嘗敢以耗氣也，必齊以靜心。齊三日，而不敢懷慶賞爵禄；齊五日，不敢懷非譽巧拙；齊七日，輒然忘吾有四枝形體也。當是時也，無公朝，其巧專而外滑消。然後入山林，觀天性，形軀至矣，然後成見鐻，然後加手焉，不然則已。以天合天，器之所以疑神者，其是與。」東野稷以御見莊公，進退中繩，左右旋中規。莊公以爲文弗過也，使之鉤百而反。顔闔遇之，入見曰：「稷之馬將敗。」公密而不應。少焉，果敗而反。公曰：「子何以知之？」曰：「其馬力竭矣而猶求焉，故曰敗。」

工倕旋而蓋矩，指與物化而不以心稽，故其靈臺一而不桎。忘足，屨之適也；忘要，帶之適也；知忘是非，心之適也；不内變，不外從，事會之適也。始乎適而未嘗不適者，忘適之適也。

有孫休者，踵門而詫子扁慶子曰：「休居鄉不見謂不修，臨難不見謂不勇。然而田原不遇歲，事君不遇世，賓於鄉里，逐於州部，則胡罪乎天哉？休惡遇此命也？」扁子曰：「子獨不聞夫至人之自行邪？忘其肝膽，遺其耳目，芒然彷徨乎塵垢之外，逍遥乎無事之業，是謂爲而不恃，長而不宰。今女飾知以驚愚，修身以明汙，昭昭乎若揭日月而行也。女得全而形軀，具而九竅，無中道夭於聾盲跛蹇，而比於人數亦幸矣，又何暇乎天之怨哉？子往矣。」孫子出。扁子入，坐有間，仰天而歎。弟子問曰：「先生何爲歎乎？」扁子曰：「向者休來，吾告之以至人之德，吾恐其驚而遂至於惑也。」弟子曰：「不然。孫子之所言是邪？先生之所言非邪？非固不能惑是。孫子所言非邪？先生所言是邪？彼固惑而來矣，又奚罪焉？」扁子曰：「不然。昔者有鳥止於魯郊，魯君説之，爲具太牢以饗之，奏九韶以樂之。鳥乃始憂悲眩視，不敢飲食，此之謂以己養養鳥也。若夫以鳥養養鳥者，宜棲之深林，浮之江湖，食之以委蛇，則平陸而已矣。語同《至樂》篇「顏淵東之齊」章，義較淺於彼，文亦有誤。今休，款啓寡聞之民也，吾告以至人之德，譬之若載鼷以車馬，樂鴳以鍾鼓也。彼又惡能無驚乎哉？」

外篇山木第二十九章。此篇與《人間世》同旨。

莊子行於山中，見大木，枝葉盛茂，伐木者止其旁而不取也。問其故，曰：「無所可用。」莊子曰：「此木以不材得終其天年。」夫出於山，舍於故人之家，故人喜，命豎子殺雁而烹之。豎子請曰：「其一能鳴，其一不能鳴，請奚殺？」主人曰：「殺不能鳴者。」明日，弟子問於莊子曰：「昨日山中之木，以不材得終其天年。今主人之雁，以不材死。先生將何處？」莊子笑曰：「周將處夫材與不材之間。似之而非也，故未免乎累。若夫乘道德而浮遊則不然。無譽無訾，一龍一蛇，與時俱化，而無肯專爲。一上一下，上、下字互易。以和爲量，浮遊乎萬物之祖，物物而不物於物，則胡可得而累邪？此神農、黃帝之法則也。若夫萬物之情，人倫之傳則不然。合則離，成則毁，廉則剉，尊則議，有爲則虧，賢則謀，不肖則欺，胡可得而必乎哉？悲夫，弟子志之，其唯道德之鄉乎。」

市南宜僚見魯侯，魯侯有憂色。市南子曰：「君有憂色，何也？」魯侯曰：「吾學先王之道，修先君之業，吾敬鬼尊賢，親而行之，無須臾離居。然不免於患，吾是以憂。」市南子曰：「君之除患之術淺矣。夫豐狐文豹，棲於山林，伏於巖穴，靜也；夜行晝居，戒也；雖飢渴隱約，猶且胥疏於江湖之上而求食焉，定也。然且不免於罔羅機辟之患，是何罪之有哉？其皮爲之災也。今魯國獨非君之皮邪？吾願君刳形去皮，洒心去欲，而遊於無人之野。南越有邑焉，名爲建德之國。其民愚而朴，少私而寡欲，知作而不知藏，與而不求其報，不知義之所適，不知禮之所將，猖狂妄行，乃蹈乎大方，其生可樂，其死可葬。吾願君去國捐俗，與道相輔而行。」君曰：「彼其道遠而險，又有江山，我無舟車，奈何？」市南子曰：「君無形倨，無留居，以爲君車。」君曰：「彼其道幽遠而無人，吾誰與爲鄰？吾無糧，我無食，安得而至焉？」市南子曰：「少君之費，寡君之欲，雖無糧而乃足。君其涉於江而浮於海，望之而不見其崖，愈往而不知其所窮。送君者皆自崖而反，君自此遠矣。故有人者累，見有於人者憂。故堯非有人，非見有於人也。吾願去君之累，除君之憂，而獨與道遊於大莫之國。方舟而濟於河，有虛船來觸舟，雖有惼心之人不怒。有一人在其上，則呼張歙之。一呼而不聞，再呼而不聞，於是三呼邪，則必以惡聲隨之。向也不怒而今也怒，向也虛而今也實。人能虛己以遊世，其孰能害之？」

北宮奢爲衛靈公賦斂以爲鍾，爲壇乎郭門之外，三月而成上下之縣。王子慶忌見而問焉，曰：「子何術之設？」奢曰：「一之間，無敢設也。奢聞之：既彫既琢，復歸於朴。侗乎其無識，儻乎其怠疑。萃乎芒乎，其送往而迎來。來者勿禁，往者勿止。從其彊梁，隨其曲傅，因其自窮。故朝夕賦斂而豪毛不挫，而況有大塗者乎？」

孔子圍於陳、蔡之間，七日不火食。太公任往弔之，曰：「子幾死乎？」曰：「然。」「子惡死乎？」曰：「然。」任曰：「予嘗言不死之道。東海有鳥焉，名曰意怠。其爲鳥也，翂翂翐翐，而似無能，引援而飛，迫脅而棲，進不敢爲前，退不敢爲後，食不敢先嘗，必取其緒。是故其行列不斥，而外人卒不得害，是以免於患。直木先伐，甘井先竭。子其意者飾知以驚愚，修身以明汙，昭昭乎如揭日月而行，故不免也。昔吾聞之大成之人曰：『自伐者無功，功成者隳，名成者虧。』孰能去功與名而還與衆人？道流而不明，居得行而不名處，純純常常，乃比於狂，削迹捐勢，不爲功名。是故無責於人，人亦無責焉。至人不聞，子何喜哉？」孔子曰：「善哉。」辭其交遊，去其弟子，逃於大澤，衣裘褐，食杼栗，入獸不亂群，入鳥不亂行。鳥獸不惡，而況人乎？

孔子問子桑雽曰：「吾再逐於魯，伐樹於宋，削迹於衛，窮於商、周，圍於陳、蔡之間。吾犯此數患，親交益疏，徒友益散，何與？」子桑雽曰：「子獨不聞假人之亡與？林回棄千金之璧，負赤子而趨。或曰：『爲其布與？赤子之布寡矣。爲其累與？赤子之累多矣。棄千金之璧，負赤子而趨，何也？』林回曰：『彼以利合，此以天屬也。』夫以利合者，迫窮禍患害相棄也；以天屬者，迫窮禍患害相收也。夫相收之與相棄亦遠矣。且君子之交淡若水，小人之交甘若醴。君子淡以親，小人甘以絶。彼無故以合者，則無故以離。」孔子曰：「敬聞命矣。」徐行翔佯而歸，絕學捐書，弟子無挹於前，其愛益加進。異日，桑雩又曰：「舜之將死，真泠禹曰：『女戒之哉。形莫若緣，情莫若率。緣則不離，率則不勞。不離不勞，則不求文以待形。不求文以待形，固不待物。』」

莊子衣大布而補之，正縻係履而過魏王。魏王曰：「何先生之憊邪？」莊子曰：「貧也，非憊也。士有道德不能行，憊也。衣弊履穿，貧也，非憊也，此所謂非遭時也。王獨不見夫騰猿乎？其得柟梓豫章也，攬蔓其枝而王長其間，雖羿、逢蒙不能眄睨也。及其得柘棘枳枸之間也，危行側視，振動悼慄，此筋骨非有加急而不柔也，處勢不便，未足以逞其能也。今處昏上亂相之間而欲無憊，奚可得邪？此比干之見剖心，徵也夫。」

孔子窮於陳、蔡之間，七日不火食，左據槁木，右擊槁枝，而歌猋氏之風，有其具而無其數，有其聲而無宮角。木聲與人聲，犁然有當於人之心。顏回端拱還目而窺之。仲尼恐其廣己而造大也，愛己而造哀也，曰：「回，無受天損易，無受人益難。無始而非卒也，人與天一也。夫今之歌者其誰乎？」回曰：「敢問無受天損易。」仲尼曰：「飢渴寒暑，窮桎不行，天地之行也，運物之泄也，言與之偕逝之謂也。爲人臣者，不敢去之。執臣之道猶若是，而況乎所以待天乎？」「何謂無受人益難？」仲尼曰：「始用四達，爵祿竝至而不窮，物之所利，乃非己也，吾命有在外者也。君子不爲盜，賢人不爲竊，吾若取之，何哉？故曰：鳥莫知於鷾鴯，目之所不宜處，不給視，雖落其實，棄之而走。其畏人也而襲諸人間，社稷存焉爾。」「何謂無始而非卒？」仲尼曰：「化其萬物而不知其禪之者，焉知其所終？焉知其所始？正而待之而已耳。」「何謂人與天一邪？」仲尼曰：「有人，天也；有天，亦天也。人之不能有天，性也。聖人晏然體逝而終矣。」

莊周遊乎雕陵之樊，覩一異鵲自南方來者，翼廣七尺，目大運寸，感周之顙，而集於栗林。莊周曰：「此何鳥哉？翼殷不逝，目大不覩。」蹇裳躩步，執彈而留之。覩一蟬，方得美蔭而忘其身，螳蜋執翳而搏之，見得而忘其形。異鵲從而利之，見利而忘其真。莊周怵然曰：「噫，物固相累，二類相召也。」捐彈而反走，虞人逐而誶之。莊周反入宮，「宮」字，從江南本增。三月不庭。藺且從而問之：「夫子何爲頃間甚不庭乎？」莊周曰：「吾守形而忘身，觀於濁水而迷於清淵。且吾聞諸夫子曰：『入其俗，從其俗。』今吾遊於雕陵而忘吾身，異鵲感吾顙，遊於栗林而忘真。「真」下「栗林」二字，從張君房本刪。虞人以吾爲戮，吾所以不庭也。」

陽子之宋，宿於逆旅。逆旅人有妾二人，其一人美，其一人惡，惡者貴而美者賤。陽子問其故，逆旅小子對曰：「其美者自美，吾不知其美也；其惡者自惡，吾不知其惡也。」陽子曰：「弟子記之，行賢而去自賢之行，安往而不愛哉？」

外篇田子方第二十一

十一章。此篇與《德充符》同旨。

田子方侍坐於魏文侯，數稱谿工。文侯曰：「谿工，子之師邪？」子方曰：「非也，無擇之里人也。稱道數當，故無擇稱之。」文侯曰：「然則子無師邪？」子方曰：「有。」曰：「子之師誰邪？」子方曰：「東郭順子。」文侯曰：「然則夫子何故未嘗稱之？」子方曰：「其爲人也真，人貌而天，虛緣而葆真，清而容物。物無道，正容以悟之，使人之意也消。無擇何足以稱之？」子方出，文侯儻然，終日不言。召前立臣而語之曰：「遠矣，全德之君子。始吾以聖知之言、仁義之行爲至矣。吾聞子方之師，吾形解而不欲動，口鉗而不欲言。吾所學者，真土梗耳。夫魏真爲我累耳。」

温伯雪子適齊，舍於魯。魯人有請見之者，温伯雪子曰：「不可。吾聞中國之君子，明乎禮義而陋於知人心。吾不欲見也。」至於齊，反舍於魯，是人也又請見。温伯雪子曰：「往也蘄見我，今也又蘄見我，是必有以振我也。」出而見客，入而歎。明日見客，又入而歎。其僕曰：「每見之客也，必入而歎，何邪？」曰：「吾固告子矣：中國之民明乎禮義而陋乎知人心。昔之見我者，進退一成規，一成矩，從容一若龍，一若虎，其諫我也似子，其道我也似父，是以歎也。」仲尼見之而不言。子路曰：「吾子欲見温伯雪子久矣，見之叨而不言，何邪？」仲尼曰：「若夫人者，目擊而道存矣，亦不可以容聲矣。」

顏淵問於仲尼曰：「夫子步亦步，夫子趨亦趨，夫子馳亦馳，夫子奔逸絕塵，而回瞠若乎後矣。」夫子曰：「回，何謂邪？」曰：「夫子步亦步也，夫子言亦言也，夫子趨亦趨也，夫子辯亦辯也，夫子馳亦馳也，夫子言道，回亦言道也。及奔逸絕塵而回瞠若乎後者，夫子不言而信，不比而周，無器而民蹈乎前，而不知所以然而已矣。」仲尼曰：「惡，可不察與？夫哀莫大於心死，而人死亦次之。日出東方而入於西極，萬物莫不比方，有目有趾者，待是而後成功，是出則存，是入則亡。萬物亦然，萬物亦各自有其日也。有待也而死，有待也而生。吾一受其成形，而不化以待盡；效物而動，日夜無隙，而不知其所終；薰然其成形，知命不能規乎其前，丘以是日徂。吾終身與女交一臂而失之，交一臂而失之，所謂多學而識之也，所謂以色見我，以聲音求我也。可不哀與？女殆著乎吾所以著也。彼已盡矣，而女求之以爲有，是求馬於唐肆也。吾服女也甚忘，女服吾也亦甚忘。雖然，女奚患焉？雖忘乎故吾，吾有不忘者存。」

孔子見老聃，老聃新沐，方將被髮而乾，慹然似非人。孔子便而待之，少焉見，曰：「丘也眩與，其信然與？向者先生形體掘若槁木，似遺物離人而立於獨也。」老聃曰：「吾遊於物之初。」孔子曰：「何謂邪？」曰：「心困焉而不能知，口辟焉而不能言，嘗爲女議乎其將。至陰肅肅，至陽赫赫，肅肅出乎天，赫赫發乎地。兩者交通成和而物生焉，或爲之紀而莫見其形。消息滿虛，一晦一明，日改月化，日有所爲而莫見其功。生有所乎萌，死有所乎歸，始終相反乎無端而莫知乎其所窮。非是也，且孰爲之宗？」孔子曰：「請問遊是。」老聃曰：「夫得是，至美至樂也，得至美而遊乎至樂，謂之至人。」孔子曰：「願聞其方。」曰：「草食之獸，不疾易藪；水生之蟲，不疾易澗。行小變而不失其大常也，喜怒哀樂不入於胸次。夫天下也者，萬物之所一也。得其所一而同焉，則四支百體將爲塵垢，而死生終始將爲晝夜而莫之能滑，而況得喪禍福之所介乎？棄隸者若棄泥塗，知身貴於隸也，貴在於我而不失於變。且萬化而未始有極也，夫孰足以患心？已爲道者解乎此。」孔子曰：「夫子德配天地，而猶假至言以修心。古之君子，孰能脱焉？」老聃曰：「不然。夫水之於汋也，無爲而才自然矣。至人之於德也，不修而物不能離焉。若天之自高，地之自厚，日月之自明，夫何修焉？」孔子出，以告顔回曰：「丘之於道也，其猶醯雞與？微夫子之發吾覆也，吾不知天地之大全也。」

莊子見魯哀公，哀公曰：「魯多儒士，少爲先生方者。」莊子曰：「魯少儒。」哀公曰：「舉魯國而儒服，何謂少乎？」莊子曰：「周聞之，儒者冠圜冠者知天時，履句屨者知地形，緩佩玦者事至而斷。君子有其道者，未必爲其服也；爲其服者，未必知其道也。

公固以爲不然，何不號於國中曰：『無此道而爲此服者，其罪死。』」於是哀公號之五日，而魯國無敢儒服者。獨有一丈夫，儒服而立乎公門。公即召而問以國事，千轉萬變而不窮。莊子曰：「以魯國而儒者一人耳，可謂多乎？」

百里奚爵禄不入於心，故飯牛而牛肥，使秦穆公忘其賤，與之政也。有虞氏死生不入於心，故足以動人。

宋元君將畫圖，衆史皆至，受揖而立，舐筆和墨，在外者半。有一史後至者，儃儃然不趨，受揖不立，因之舍。公使人視之，則解衣槃礴羸。君曰：「可矣，是真畫者也。」

文王觀於臧，見一丈夫釣，而其釣莫釣。非持其釣有釣者也，常釣也。文王欲舉而授之政，而恐大臣父兄之弗安也；欲終而釋之，而不忍百姓之無天也。於是旦而屬之諸大夫曰：「昔者寡人夢見良人，黑色而頳，乘駁馬而偏朱蹏，號曰：『寓而政於臧丈人，庶幾乎民有瘳乎。』」諸大夫蹵然曰：「先君王也。」文王曰：「然則卜之。」諸大夫曰：「先君之命，王其無它，又何卜焉？」遂迎臧丈人而授之政。典法無更，偏令無出。三年，文王觀於國，則列士壞植散群，長官者不成德，斔斛不敢入於四竟。列士壞植散群，則尚同也；長官者不成德，則同務也；斔斛不敢入於四竟，則諸侯無二心也。文王於是焉以爲大師，北面而問曰：「政可以及天下乎？」臧丈人昧然而不應，泛然而辭，朝令而夜遯，終身無聞。顏淵問於仲尼曰：「文王其猶未邪？又何以夢爲乎？」仲尼曰：「默，女無言。夫文王盡之也，而又何論刺焉？彼直以循斯須也。」

列御寇爲伯昏無人射，引之盈貫，措杯水其肘上，發之，適矢復沓，方矢復寓。當是時，猶象人也。伯昏無人曰：「是射之射，非不射之射也。嘗與女登高山，履危石，臨百仞之淵，若能射乎？」於是無人遂登高山，履危石，臨百仞之淵，背逡巡，足二分垂在外，揖御寇而進之。御寇伏地，汗流至踵。伯昏無人曰：「夫至人者，上闚青天，下潛黃泉，揮斥八極，神氣不變。今女怵然有恂目之志，爾於中也殆矣夫。」

肩吾問於孫叔敖曰：「子三爲令尹而不榮華，三去之而一無憂色。吾始也疑子，今視子之鼻間栩栩然，子之用心獨奈何？」孫叔敖曰：「吾何以過人哉？吾以其來不可卻也，其去不可止也，吾以爲得失之非我也，而無憂色而已矣。我何以過人哉？且不知其在彼乎？其在我乎？其在彼邪，亡乎我；在我邪，亡乎彼。方將躊躇，方將四顧，何暇至乎人貴人賤哉？」仲尼聞之曰：「古之真人，知者不得說，美人不得濫，盜人不得劫，伏戲、黃帝不得友。死生亦大矣，而無變乎己，况爵禄乎？若然者，其神經乎大山而無介，入乎淵泉而不濡，處卑細而不憊，充滿天地，既以與人，己愈有。」

楚王與凡君坐，少焉，楚王左右曰：「凡亡者三。」凡君曰：「凡之亡也，不足以喪吾存。」夫凡之亡不足以喪吾存，則楚之存不足以存存。由是觀之，則凡未始亡而楚未始存也。

外篇知北遊第二十二

十六章。此篇與《大宗師》同旨。

知北遊於玄水之上，登隱弅之邱，而適遭無爲謂焉。知謂無爲謂曰：「予欲有問乎若：何思何慮則知道？何處何服則安道？何從何道則得道？」三問而無爲謂不答也。非不答，不知答也。知不得問，反於白水之南，登狐闋之上，而睹狂屈焉。知以之言也問乎狂屈，狂屈曰：「唉。予知之，將語若。」中欲言而忘其所欲言。知不得問，反於帝宫，見黄帝而問焉。黄帝曰：「無思無慮始知道，無處無服始安道，無從無道始得道。」知問黄帝曰：「我與若知之，彼與彼不知也，其孰是邪？」黄帝曰：「彼無爲謂真是也，狂屈似之，我與女終不近也。夫知者不言，言者不知，故聖人行不言之教。道不可致，德不可至。仁可爲也，義可虧也，禮相僞也。故曰：『失道而後德，失德而後仁，失仁而後義，失義而後禮。禮者，道之華而亂之首也。』故曰：『爲道者日損，損之又損之，以至於無爲，無爲而無不爲也。』今已爲物也，欲復歸根，不亦難乎？其易也，其唯大人乎？生也死之徒，死也生之始，孰知其紀？人之生，氣之聚也，聚則爲生，散則爲死。若死生爲徒，吾又何患？故萬物一也，是其所美者爲神奇，其所惡者爲臭腐，臭腐復化爲神奇，神奇復化爲臭腐。故曰：『通天下一氣耳。』聖人故貴一。」知謂黄帝曰：「吾問無爲謂，無爲謂不應我，非不我應，不知應我也。吾問狂屈，狂屈中欲告我而不我告，非不我告，中欲告而忘之也。今予問乎若，若知之，奚故不近？」黃帝曰：「彼其真是也，以其不知也。此其似之也，以其忘之也。予與若終不近也，以其知之也。」狂屈聞之，以黃帝爲知言。

天地有大美而不言，四時有明法而不議，萬物有成理而不說。聖人者，原天地之美而達萬物之理，是故至人無爲，大聖不作，觀於天地之謂也。舍彼神明至精，與彼百化，「舍」字作「今」，從劉得一本改。物已死生方圓，莫知其根也，扁然而萬物自古以固存。六合爲巨，未離其内；秋毫爲小，待之成體。天下莫不沈浮，終身不故；陰陽四時運行，各得其序。惛然若亡而存，油然不形而神，萬物畜而不知。此之謂本根，可以觀於天矣。」

齧缺問道乎被衣，被衣曰：「若正女形，一女視，天和將至；攝女知，一女度，神將來舍。德將爲女美，道將爲女居，女瞳焉如新生之犢而無求其故。」言未卒，齧缺睡寐。被衣大說，行歌而去之，曰：「形若槁骸，心若死灰，真其實知，不以故自持。媒媒晦晦，無心而不可與謀。彼何人哉？」

舜問乎丞曰：「道可得而有乎？」曰：「女身非女有也，女何得有夫道？」舜曰：「吾身非吾有也，孰有之哉？」曰：「是天地之委形也；生非女有，是天地之委和也；性命非女有，是天地之委順也；孫子非女有，是天地之委蛻也。故行不知所往，處不知所持，食不知所味。天地之彊陽氣也，又胡可得而有邪？」

孔子問於老聃曰：「今日晏閒，敢問至道。」老聃曰：「女齊戒，疏瀹而心，澡雪而精神，掊擊而知。夫道，窅然難言哉。將爲女言其崖略。夫昭昭生於冥冥，有倫生於無形，精神生於道，形本生於精，而萬物以形相生。故九竅者胎生，八竅者卵生。其來無迹，其往無崖，無門無房，四達之皇皇也。邀於此者，四枝彊，思慮恂達，耳目聰明，其用心不勞，其應物無方。天不得不高，地不得不廣，日月不得不行，萬物不得不昌，此其道與。且夫博之不必知，辯之不必慧，聖人以斷之矣。若夫益之而不加益，損之而不加損者，聖人之所保也。淵淵乎其若海，魏魏乎其終則復始也，運量萬物而不匱，則君子之道，彼其外與？萬物皆往資焉而不匱，此其道與？」老子辭止此。

中國有人焉，非陰非陽，處於天地之間，直且爲人，將反於宗。自本觀之，生者暗醷物也。雖有壽夭，相去幾何？須臾之説也，奚足以爲堯、桀之是非？

果蓏有理，人倫雖難，所以相齒。聖人遭之而不違，過之而不守，調而應之，德也；偶而應之，道也。帝之所興，王之所起也。

人生天地之間，若白駒之過郤，忽然而已。注然勃然，莫不出焉；油然漻然，莫不入焉。已化而生，又化而死，生物哀之，人類悲之。解其天弢，墮其天袠，紛乎宛乎，魂魄將往，乃身從之，乃大歸乎。

不形之形，形之不形，是人之所同知也，非將至之所務也，此衆人之所同論也。彼至則不論，論則不至，明見無值，辯不若默，道不可聞，聞不若塞，此之謂大得。

東郭子問於莊子曰：「所謂道，惡乎在？」莊子曰：「無所不在。」東郭子曰：「期而後可。」莊子曰：「在螻蟻。」曰：「何其下邪？」曰：「在稊稗。」曰：「何其愈下邪？」曰：「在瓦甓。」曰：「何其愈甚邪？」曰：「在屎溺。」東郭子不應。莊子曰：「夫子之問也，固不及質。正獲之問於監市履狶也，每下愈況。女唯莫必謂無乎逃物，「謂」字，從張君房本增。至道若是大。句。言亦然，周徧咸三者，異名同實，其指一也。嘗相與遊乎無何有之宫，同合而論，無所終窮乎。嘗相與無爲乎，淡而靜乎，漠而清乎，調而閒乎，寥已吾志，無往焉而不知其所至，去而來不知其所止，吾已往來焉而不知其所終。已，此也。彷徨乎馮閎，大知入焉而不知其所窮。物物者與物無際，而物有際者，所謂物際者也。不際之際，際之不際者也。謂盈虚衰殺，彼爲盈虚非盈虚，彼爲衰殺非衰殺，彼爲本末非本末，彼爲積散非積散也。」

妸荷甘與神農同學於老龍吉，神農隱几闔户晝瞑。妸荷甘日中奓户而入，曰：「老龍死矣。」神農隱几擁杖而起，嚗然放杖而笑，曰：「天知予僻陋慢訑，故棄予而死。已矣，夫子無所發予之狂言而死矣夫。」弇堈弔聞之，曰：「夫體道者，天下之君子所繫焉。今於道，秋豪之端萬分未得處一焉，而猶知藏其狂言而死，又況夫體道者乎？視之無形，聽之無聲，於人之論者，謂之冥冥，所以論道而非道也。」

於是泰清問乎無窮曰：佛經以「於是」起，豈效此邪？「子知道乎？」無窮曰：「吾不知。」又問乎無爲，無爲曰：「吾知道。」曰：「子之知道，亦有數乎？」曰：「有。」曰：「其數若何？」無爲曰：「吾知道之可以貴，可以賤，可以約，可以散，此吾所以知道之數也。」泰清以之言也問乎無始，曰：「若是則無窮之弗知與無爲之知，孰是而孰非乎？」無始曰：「不知深矣，知之淺矣；弗知內矣，知之外矣。」於是泰清中而歎曰：「弗知乃知乎？知乃不知乎？孰知不知之知？」無始曰：「道不可聞，聞而非也；道不可見，見而非也；道不可言，言而非也。知形形之不形乎？道不當名。」無始曰：「有問道而應之者，不知道也。雖問道者，亦未聞道。道無問，問無應。無問問之，是問窮也；無應應之，是無內也。以無內待問窮，若是者，外不觀乎宇宙，內不知乎大初，是以不過乎崑崙，不遊乎大虛。」

光曜問乎無有曰：「夫子有乎？其無有乎？」光曜不得問，而孰視其狀貌，窅然空然，終日視之而不見，聽之而不聞，搏之而不得也。光曜曰：「至矣，其孰能至此乎？予能有無矣，而未能無無也。及爲無有矣，何從至此哉？」

大馬之捶鉤者，年八十矣，而不失豪芒。大馬曰：「子巧與？有道與？」曰：「臣有守也。臣之年二十而好捶鉤，於物無視也，非鉤無察也。是用之者假不用者也以長得其用，而況乎無不用者乎？物孰不資焉？」

冉求問於仲尼曰：「未有天地可知邪？」仲尼曰：「可。古猶今也。」冉求失問而退，明日復見，曰：「昔者吾問：『未有天地可知乎？』夫子曰：『可。古猶今也。』昔日吾昭然，今日吾昧然，敢問何謂也？」仲尼曰：「昔之昭然也，神者先受之；今之昧然也，且又爲不神者求邪？無古無今，無始無終。未有子孫而有孫子，可乎？」冉求未對，仲尼曰：「已矣，未應矣。不以生生死，不以死死生。死生有待邪？皆有所一體。有先天地生者物邪？物物者非物。物出不得先物也，猶其有物也，「也」下「猶其有物也」五字，從劉得一本刪。無已。聖人之愛人也終無已者，亦乃取於是者也。」

顏淵問乎仲尼曰：「回嘗聞諸夫子曰：『無有所將，無有所迎。』回敢問其遊。」仲尼曰：「古之人外化而內不化，今之人內化而外不化。與物化者，一不化者也。安化安不化，安與之相靡，必與之莫多。豨韋氏之囿，黃帝之圃，有虞氏之宮，湯武之室。君子之人，若儒、墨者師，故以是非相整也，而況今之人乎？聖人處物不傷物，不傷物者，物亦不能傷也。唯無所傷者，爲能與人相將迎。山林與，皋壤與，使我欣欣然而樂與。樂未畢也，哀又繼之。哀樂之來，吾不能禦，其去弗能止。悲夫，世人直謂物逆旅耳。夫知遇而不知所不遇，知能能而不能所不能。無知無能者，固人之所不免也。夫務免乎人之所不免者，豈不亦悲哉？至言去言，至爲去爲。齊知之所知，則淺矣。」

莊子章義卷四

雜篇庚桑楚第二十三二十一章。

老聃之役有庚桑楚者，偏得老聃之道，以北居畏壘之山。其臣之畫然知者去之，其妾之挈然仁者遠之。擁腫之與居，鞅掌之爲使。居三年，畏壘大穰。畏壘之民相與言曰：「庚桑子之始來，吾灑然異之。今吾日計之而不足，歲計之而有餘。庶幾其聖人乎？子胡不相與尸而祝之，社而稷之乎？」庚桑子聞之，南面而不釋然。弟子異之，庚桑子曰：「弟子何異於予？夫春氣發而百草生，正得秋而萬寶成。夫春與秋，豈無得而然哉？大道已行矣。吾聞至人，尸居環堵之室，而百姓猖狂不知所如往。今以畏壘之細民，而竊竊焉欲俎豆予於賢人之間，我其杓之人邪？吾是以不釋於老聃之言。」弟子曰：「不然。夫尋常之溝，巨魚無所還其體，而鯢鰌爲之制。步仞之邱陵，巨獸無所隱其軀，而孽狐爲之祥。且夫尊賢授能，先善與利，自古堯、舜以然，而況畏壘之民乎？夫子亦聽矣。」庚桑子曰：「小子來。夫函車之獸，介而離山，則不免於罔罟之患。吞舟之魚，碭而失水，則蟻能苦之。故鳥獸不厭高，魚鼈不厭深。夫全其形生之人，藏其身也，不厭深眇而已矣。且夫二子者，又何足以稱揚哉？是其於辯也，將妄鑿垣牆而殖蓬蒿也。簡髮而櫛，數米而炊，竊竊乎又何足以濟世哉？舉賢則民相軋，任知則民相盜。之數物者，不足以厚民。民之於利甚勤，子有殺父，臣有殺君，正晝爲盜，日中穴阫。吾語女，大亂之本，必生於堯、舜之間，其末存乎千世之後。千世之後，其必有人與人相食者也。」南榮趎蹵然正坐曰：「若趎之年者已長矣，將惡乎託業以及此言邪？」庚桑子曰：「全女形，抱女生，無使女思慮營營。若此三年，則可以及此言也。」南榮趎曰：「目之與形，吾不知其異也，而盲者不能自見；耳之與形，吾不知其異也，而聾者不能自聞；心之與形，吾不知其異也，而狂者不能自得。形之與形亦辟矣，而物或間之邪，欲相求而不能相得？今謂趎曰：『全女形，抱女生，勿使女思慮營營。』趎勉聞道達耳矣。」庚桑子曰：「辭盡矣。曰奔蜂不能化藿蠋，越雞不能伏鵠卵，魯雞固能矣。雞之與雞，其德非不同也，有能與不能者，其才固有巨小也。今吾才小，不足以化子。子胡不南見老子？」

南榮趎贏糧，七日七夜，至老子之所。老子曰：「子自楚之所來乎？」南榮趎曰：「唯。」老子曰：「子何與人皆來之衆也？」南榮趎懼然顧其後。老子曰：「子不知吾所謂乎？」南榮趎俯而慙，仰而歎曰：「今者吾忘吾答，因失吾問。」老子曰：「何謂也？」南榮趎曰：「不知乎？人謂我朱愚。知乎？反愁我軀。不仁則害人，仁則反愁我身；不義則傷彼，義則反愁我已。我安逃此而可？此三言者，趎之所患也。願因楚而問之。」老子曰：「向吾見若眉睫之間，吾因以得女矣，今女又言而信之。若規規然若喪父母，揭竿而求諸海也。女亡人哉，惘惘乎。女欲反女情性而無由入，可憐哉。」南榮趎請入就舍，召其所好，去其所惡。十日自愁，復見老子。老子曰：「女自灑濯，孰哉鬱鬱乎。然而其中津津乎猶有惡也。夫外韄者不可繁而捉，將内揵；内韄者不可繆而捉，將外揵。外内韄者，道德不能持，而况放道而行者乎？」南榮趎曰：「里人有病，里人問之，病者能言其病，然其病，病者猶未病也。若趎之聞大道，譬猶飲藥以加病也。趎願聞衛生之經而已矣。」老子曰：「衛生之經，能抱一乎？能勿失乎？能無卜筮而知吉凶乎？能止乎？能已乎？能舍諸人而求諸己乎？能翛然乎？能侗然乎？能兒子乎？兒子終日嗥而嗌不嗄，和之至也；終日握而手不掜，共其德也；終日視而目不瞚，偏不在外也。行不知所之，居不知所爲，與物委蛇而同其波。是衛生之經已。」南榮趎曰：「然則是至人之德已乎？」曰：「非也，是乃所謂冰解凍釋者。夫至人者，相與交食乎地而交樂乎天，不以人物利害相攖，不相與爲怪，不相與爲謀，不相與爲事，翛然而往，侗然而來。是謂衛生之經已。」曰：「然則是至乎？」曰：「未也。吾固告女曰：『能兒子乎？』兒子動不知所爲，行不知所之，身若槁木之枝而心若死灰。若是者，禍亦不至，福亦不來。禍福無有，惡有人災也？」

宇泰定者，發乎天光。發乎天光者，人見其人。人有修者，乃今有恒。有恒者，人舍之，天助之。人之所舍，謂之天民；天之所助，謂之天子。

學者，學其所不能學也；行者，行其所不能行也；辯者，辯其所不能辯也。知止乎其所不能知，至矣。若有不即是者，天鈞敗之。

備物以將形，藏不虞以生心，敬中以達彼。若是而萬惡至者，皆天也，而非人也，不足以滑成，不可内於靈臺。靈臺者有持，而不知其所持，而不可持者也。

不見其誠，已而發，每發而不當，業入而不舍，每更爲失。已，此也。不見其誠，則皆妄心耳。如此而發，固無當處。若能入矣，而不能久居，反更易爲失，是知及而仁不能守者也。爲不善乎顯明之中者，人得而誅之；爲不善乎幽閒之中者，鬼得而誅之。明乎人，明乎鬼者，然後能獨行。

券内者，行乎無名；券外者，志乎期費。行乎無名者，唯庸有光；志乎期費者，唯賈人也。人見其跂，猶之魁然。

與物窮者，物入焉。與物且者，其身之不能容，焉能容人？不能容人者無親，無親者盡人。

兵莫憯於志，鏌鋣爲下；寇莫大於陰陽，無所逃於天地之間。非陰陽賊之，心則使之也。

道通，其分也，其成也毁也。所惡乎分者，其分也以備；所以惡乎備者，其有以備。故出而不反，見其鬼；出而得，是謂得死。滅而有實，鬼之一也。以有形者象無形者而定矣。

出無本，入無竅。有實而無乎處，有長而無乎本剽，有所出而無。句。竅者有實，有實而無乎處者，宇也。有長而無本剽者，宙也。有乎生，有乎死，有乎出，有乎入。入出而無見其形，是謂天門。天門者，無有也，萬物出乎無有。有不能以有爲有，必出乎無有，而無有一無有。聖人藏乎是。古之人，其知有所至矣。惡乎至？有以爲未始有物者，至矣盡矣，弗可以加矣。其次以爲有物矣，將以生爲喪也，以死爲反也，是以分已。其次曰始無有，既而有生，生俄而死。以無有爲首，以生爲體，以死爲尻。孰知有無死生之一守者，吾與之爲友。是三者雖異，公族也，昭景也，著戴也，甲氏也，著封也，非一也。

有生，黬也。

披然曰移是。嘗言移是，非所言也。雖然，不可知者也。臘者之有膍胲，可散而不可散也；觀室者周於寢廟，又適其偃焉。爲是舉移是。請嘗言移是：是以生爲本，以知爲師，因以乘是非。果有名實，因以己爲質，使人以爲己節，因以死償節。若然者，以用爲知，以不用爲愚；以徹爲名，以窮爲辱。移是，今之人也，是蜩與學鳩同於同也。碾市人之足，則辭以放驁，兄則以嫗，大親則已矣。故曰：至禮有不人，至義不物，至知不謀，至仁無親，至信辟金。移是，語辭，猶言祇是。言人雜然曰：所是祇在此，非吾所謂是也。然亦未嘗非是，皆道之一體。其微末者，如牲之膍胲，如室之偃。而今之人據以爲是，故祇是今之人所見，何以異於蜩鷽哉？此章義略如《齊物論》，諸家解不勝其糾纏。

徹志之勃，解心之謬，去德之累，達道之塞。富貴顯嚴名利六者，勃志也。容動色理氣意六者，謬心也。惡欲喜怒哀樂六者，累德也。去就取與知能六者，塞道也。此四六者不盪胸中則正，正則靜，靜則明，明則虛，虛則無爲而無不爲也。此段盡戒、定、慧之義。

道者，德之欽也；生者，德之光也；性者，生之質也。性之動謂之爲，爲之僞謂之失。知者，接也；知者，謨也；知者之所不知，猶睨也。動以不得已之謂德，動無非我之謂治，名相反而實相順也。羿工乎中微，而拙乎使人無己譽。聖人工乎天而拙乎人。夫工乎天而俍乎人者，唯全人能之。唯蟲能蟲，唯蟲能天。全人惡天？惡人之天？而況吾天乎人乎？此章乃《天下》篇以天人列聖人、君子之上義也。全人惡知所謂天乎？惡知人之異於天乎？況妄以己意分別天人乎？《則陽》篇「聖人未始有天」。

一雀適羿，羿必得之，威也。以天下爲之籠，則雀無所逃。是故湯以庖人籠伊尹，秦穆公以五羊之皮籠百里奚。是故非以其所好籠之而可得者，無有也。

介者拸畫，外非譽也；胥靡登高而不懼，遺死生也。夫復謵不餽而忘人，忘人，因以爲天人矣。故敬之而不喜，侮之而不怒者，唯同乎天和者爲然。

出怒不怒，則怒出於不怒矣；出爲無爲，則爲出于無爲矣。欲靜則平氣，欲神則順心，有爲也。欲當則緣於不得已。不得已之類，聖人之道。

雜篇徐無鬼第二十四十八章。

徐無鬼因女商見魏武侯，武侯勞之曰：「先生病矣，苦於山林之勞，故乃肯見於寡人。」徐無鬼曰：「我則勞於君，君有何勞於我？君將盈耆欲，長好惡，則性命之情病矣；君將黜耆欲，掔好惡，則耳目病矣。我將勞君，君有何勞於我？」武侯超然不對。少焉，徐無鬼曰：「嘗語君吾相狗也。下之質，執飽而止，是狸德也；中之質，若視日；上之質，若亡其一。吾相狗又不若吾相馬也。吾相馬，直者中繩，曲者中鉤，方者中矩，圓者中規，是國馬也，而未若天下馬也。天下馬有成材，若卹若失，若喪其一。若是者，超軼絕塵，不知其所。」武侯大說而笑。徐無鬼出，女商曰：「先生獨何以說吾君乎？吾所以說吾君者，橫說之則以《詩》、《書》、《禮》、《樂》，從說之則以《金版》、《六弢》，奉事而大有功者不可爲數，而吾君未嘗啓齒。今先生何以說吾君，使吾君說若此乎？」徐無鬼曰：「吾直告之吾相狗馬耳。」女商曰：「若是乎？」曰：「子不聞夫越之流人乎？去國數日，見其所知而喜；去國旬月，見所嘗見於國中者喜；及期年也，見似人者而喜矣。不亦去人滋久,思人滋深乎?夫逃虛空者,藜藋柱乎鼪鼬之逕,踉位其空〔二〕,聞人足音跫然而喜矣,而况乎昆弟親戚之謦欬其側者乎?久矣夫莫以真人之言謦欬吾君之側乎。」

徐無鬼見武侯,武侯曰:「先生居山林,食芧栗,厭葱韭,以賓寡人,久矣夫。今老邪?其欲干酒肉之味邪?其寡人亦有社稷之福邪?」徐無鬼曰:「無鬼生於貧賤,未嘗敢飲食君之酒肉,將來勞君也。」君曰:「何哉?奚勞寡人?」曰:「勞君之神與形。」武侯曰:「何謂邪?」徐無鬼曰:「天地之養也一,登高不可以爲長,居下不可以爲短。君獨爲萬乘之主,以苦一國之民,以養耳目鼻口,夫神者不自許也。夫神者,好和而惡姦。夫姦,病也,故勞之。唯君所病之,何也?」武侯曰:「欲見先生久矣。吾欲愛民而爲義偃兵,其可乎?」徐無鬼曰:「不可。愛民,害民之始也;爲義偃兵,造兵之本也。君自此爲之,則殆不成。凡成美,惡器也。君雖爲仁義,幾且僞哉。形固造形,成固有伐,變固外戰。君亦必無盛鶴列於麗譙之間,無徒驥於錙壇之宮,無藏逆於得,無以巧勝人,無以謀勝人,無以戰勝人。夫殺人之士民,兼人之土地,以養吾私與吾神者,其戰不

〔二〕「踉」,原作「良」,據世德堂本卷八改。

知孰善？勝之惡乎在？君若勿已矣，修胸中之誠以應天地之情而勿攖。夫民死已脱矣，君將惡乎用夫偃兵哉？」

黄帝將見大隗乎具茨之山，方明爲御，昌寓驂乘，張若、謵朋前馬，昆閽、滑稽後車。至於襄城之野，七聖皆迷，無所問塗。適遇牧馬童子，問塗焉，曰：「若知具茨之山乎？」曰：「然。」「若知大隗之所存乎？」曰：「然。」黄帝曰：「異哉，小童非徒知具茨之山，又知大隗之所存。請問爲天下。」小童曰：「夫爲天下者，亦若此而已矣，又奚事焉？予少而自遊於六合之内，予適有瞀病，有長者教予曰：『若乘日之車而遊於襄城之野。』今予病少痊，予又且復遊於六合之外。夫爲天下亦若此而已，予又奚事焉？」黄帝曰：「夫爲天下者，則誠非吾子之事。雖然，請問爲天下。」小童辭。黄帝又問，小童曰：「夫爲天下者，亦奚以異乎牧馬者哉？亦去其害馬者而已矣。」黄帝再拜稽首，稱天師而退。

知士無思慮之變則不樂，辯士無談説之序則不樂，察士無淩誶之事則不樂，皆囿於物者也。招世之士興朝，中民之士榮官，筋力之士矜難，勇敢之士奮患，兵革之士樂戰，枯槁之士宿名，法律之士廣治，禮樂之士敬容，仁義之士貴際。農夫無草萊之事則不比，商賈無市井之事則不比。庶人有旦暮之業則勸，百工有器械之巧則壯。錢財不積則貪者憂，權勢不尤則夸者悲。勢物之徒樂變。遭時有所用，不能無爲也。此皆順比於歲，不物於易者也。馳其形性，潛之萬物，終身不反，悲夫。賈生《服鳥》，意本此。

莊子曰：「射者非前期而中，謂之善射，天下皆羿也，可乎？」惠子曰：「可。」莊子曰：「天下非有公是也，而各是其所是，天下皆堯也，可乎？」惠子曰：「可。」莊子曰：「然則儒、墨、楊、秉四，與夫子爲五，果孰是邪？或者若魯遽者邪？其弟子曰：『我得夫子之道矣，吾能冬爨鼎而夏造冰矣。』魯遽曰：『是直以陽召陽，以陰召陰，非吾所謂道也。吾示子乎吾道。』於是乎爲之調瑟，廢一於堂，廢一於室，鼓宮宮動，鼓角角動，音律同矣。夫或改調一弦，於五音無當也，鼓之，二十五弦皆動，未始異於聲，而音之君已。且若是者邪？」惠子曰：「今夫儒、墨、楊、秉，且方與我以辯，相拂以辭，相鎮以聲，而未始吾非也，則奚若矣？」莊子曰：「齊人蹢子於宋者，其命閽也不以完，其求鈃鍾也以束縛，其求唐子也而未始出域，有遺類矣。夫楚人寄而蹢閽者，夜半於無人之時而與舟人鬬，未始離於岑而足以造於怨也。」鼒意「鈃鍾」上「求」字衍，「閽者」上「蹢」字衍。按，此設譬自是三事。

莊子送葬，過惠子之墓，顧謂從者曰：「郢人堊漫其鼻端若蠅翼，使匠石斲之。匠石運斤成風，聽而斲之。盡堊而鼻不傷，郢人立不失容。宋元君聞之，召匠石曰：『嘗試爲寡人爲之。』匠石曰：『臣則嘗能斲之。雖然，臣之質死久矣。』自夫子之死也，吾無以爲質矣，吾無與言之矣。」

管仲有病，桓公問之曰：「仲父之病病矣，可不諱云，「諱」字作「謂」，從李氏本改。至於大病，則寡人惡乎屬國而可？」管仲曰：「公誰欲與？」公曰：「鮑叔牙。」曰：「不可。其爲人潔廉，善士也。其於不己若者不比之，又一聞人之過，終身不忘。使之治國，上且鉤乎君，下且逆乎民，其得罪於君也將弗久矣。」公曰：「然則孰可？」對曰：「勿已，則隰朋可。其爲人也，上忘而下畔，愧不若黃帝，而哀不己若者。以德分人謂之聖，以財分人謂之賢。以賢臨人，未有得人者也；以賢下人，未有不得人者也。其於國有不聞也，其於家有不見也。勿已，則隰朋可。」

吴王浮於江，登乎狙之山，衆狙見之，恂然棄而走，逃於深蓁。有一狙焉，委蛇攫搔，見巧乎王。王射之，敏給搏捷矢。王命相者趨射之，狙執死。王顧謂其友顔不疑曰：「之狙也，伐其巧，恃其便，以敖予，以至此殛也。戒之哉。嗟乎，無以女色驕人哉。」顔不疑歸而師董梧，以助其色，去樂辭顯，三年而國人稱之。

南伯子綦隱几而坐，仰天而噓。顔成子入見曰：「夫子物之尤也[二]，形固可使若槁

[二]「子」，原脱，據世德堂本卷八補。

骸，心固可使若死灰乎？」曰：「吾嘗居山穴之中矣。當是時也，田禾一覩我而齊國之衆三賀之。我必先之，彼故知之；我必賣之，彼故鬻之。若我而不有之，彼惡得而知之？若我而不賣之，彼惡得而鬻之？嗟乎，我悲人之自喪者，吾又悲夫悲人者，吾又悲夫悲人之悲者，其後而日遠矣。」

仲尼之楚，楚王觴之。孫叔敖執爵而立，市南宜僚受酒而祭，曰：「古之人乎，於此言已。」曰：「丘也聞不言之言矣，未之嘗言，於此乎言之。市南宜僚弄丸而兩家之難解，孫叔敖甘寢秉羽而郢人投兵。丘願有喙三尺。」待喙三尺而後言，是不言也。彼之謂不道之道，此之謂不言之辯，故德總乎道之所一，而言休乎知之所不知，至矣。道之所一者，德不能同也；知之所不能知者，辯不能舉也。名若儒、墨而凶矣。故海不辭東流，大之至也。聖人并包天地，澤及天下，而不知其誰氏。是故生無爵，死無謚，實不聚，名不立，此之謂大人。狗不以善吠爲良，人不以善言爲賢，而況爲大乎？夫爲大不足以爲大，而況爲德乎？夫大備矣，莫若天地。然奚求焉？而大備矣。知大備者，無求，無失，無棄，不以物易己也。反己而不窮，循古而不摩，大人之誠。

子綦有八子，陳諸前，召九方歅曰：「爲我相吾子，孰爲祥？」九方歅曰：「梱也爲祥。」子綦瞿然喜曰：「奚若？」曰：「梱也，將與國君同食以終其身。」子綦索然出涕曰：「吾子何爲以至於是極也？」九方歅曰：「夫與國君同食，澤及三族，而况於父母乎？今夫子聞之而泣，是禦福也。子則祥矣，父則不祥。」子綦曰：「歅，女何足以識之，而梱祥邪？盡於酒肉，入於鼻口矣，而何足以知其所自來？吾未嘗爲牧而牂生於宎，未嘗好田而鶉生於宅，若勿怪，何邪？吾所與吾子遊者，遊於天地，吾與之邀樂於天，吾與之邀食於地。吾不與之爲事，不與之爲謀，不與之爲怪。吾與之乘天地之誠而不以物與之相攖，吾與之一委蛇而不與之爲事所宜。今也然有世俗之償焉。凡有怪徵者必有怪行，殆乎，非我與吾子之罪，幾天與之也。吾以是泣也。」無幾何而使梱之於燕，盜得之於道，全而鬻之則難，不若刖之則易，於是刖而鬻之於齊。適當渠公之街，然身食肉而終。

齧缺遇許由，曰：「子將奚之？」曰：「將逃堯。」曰：「奚謂邪？」曰：「夫堯畜畜然仁，吾恐其爲天下笑。後世其人與人相食與？夫民不難聚也，愛之則親，利之則至，譽之則勸，致其所惡則散。愛利出乎仁義，捐仁義者寡，利仁義者衆。夫仁義之行，唯且無誠，且假夫禽貪者器。是以一人之斷制利天下，譬之猶一覕也。夫堯知賢人之利天下也，而不知其賊天下也，夫唯外乎賢者知之矣。」

有暖姝者，有濡需者，有卷婁者。所謂暖姝者，學一先生之言，則暖暖姝姝而私自說也，自以爲足矣，而未知未始有物也，是以謂暖姝者也。濡需者，豕蝨是也。擇疏鬣，自以爲廣宮大囿，奎蹄曲隈，乳間股腳，自以爲安室利處，不知屠者之一旦鼓臂布草操煙火，而己與豕俱焦也。此以域進，此以域退，此其所謂濡需者也。卷婁者，舜也。羊肉不慕蟻，蟻慕羊肉，羊肉羶也。舜有羶行，百姓説之，故三徙成都，至鄧之虚而十有萬家。堯聞舜之賢，舉之童土之地，曰冀得其來之澤。舜舉乎童土之地，年齒長矣，聰明衰矣，而不得休歸，所謂卷婁者也。是以神人惡衆至，衆至則不比，不比則不利也。故無所甚親，無所甚疏，抱德煬和，以順天下，此謂真人。於蟻棄知，於魚得計，於羊棄意。

以目視目，以耳聽耳，以心復心。若然者，其平也繩，其變也循。

古之真人，以天待之，不以人入天，古之真人。覆言「古之真人」以美之。

得之也生，失之也死；得之也死，失之也生。藥也其實，堇也，桔梗也，雞癕也，豕零也，是時爲帝者也，何可勝言。

句踐也以甲楯三千棲於會稽，唯種也能知亡之所以存，唯種也不知其身之所以愁。故曰：鴟目有所適，鶴脛有所節，解之也悲。故曰：風之過河也有損焉，日之過河也有損焉。請只風與日相與守河，而河以爲未始其攖也，恃源而往者也。故水之守土也審，影之守人也審，物之守物也審。故目之於明也殆，耳之於聰也殆，心之於殉也殆。凡能其於府也殆，殆之成也不給改。禍之長也兹萃，其反也緣功，其果也待久。而人以爲己寶，不亦悲乎？故有亡國戮民無已，不知問是也。是者，源也。故足之於地也踐，雖踐，恃其所不蹍而後善博也。人之知也少，雖少，恃其所不知而後知天之所謂也。知大一，知大陰，知大目，知大均，知大方，知大信，知大定，至矣。大一通之，大陰解之，大目視之，大均緣之，大方體之，大信稽之，大定持之。

盡有天循，句。有照冥，句。有樞始，句。有彼則。句。其解之也似不解之者，其知之也似不知之也，不知而後知之。其問之也不可以有崖，而不可以無崖。句。頡滑有實，句。古今不代，而不可以虧，則可不謂有大揚摧乎？闔不亦問是已，奚惑然爲？句。以不惑解惑，句。復於不惑，句。是尚大不惑。天循者，常無以知其妙也。照冥者，常有以知其徼也。天循爲體，故有樞始。照冥爲用，故有彼則。言因彼爲則，無常則也。此非必聖人也，人盡有之，特知解者少耳。而又不可以知解求也，故問者難，而又不可不問。此理真實不虛，盍不問而終身惑乎？

雜篇則陽第二十五十五章。

則陽遊於楚，夷節言之於王，王未之見，夷節歸。彭陽見王果曰：「夫子何不譚我於王？」王果曰：「我不若公閱休。」彭陽曰：「公閱休奚爲者邪？」曰：「冬則擉鼈於江，夏則休乎山樊，有過而問者，曰：『此予宅也。』夫夷節已不能，而況我乎？吾又不若夷節。夫夷節之爲人也，無德而有知，不自許，以之神其交固，顛冥乎富貴之地，非相助以德，相助消也。夫凍者假衣於春，暍者反冬乎冷風。夫楚王之爲人也，形尊而嚴；其於罪也，無赦如虎。非夫佞人正德，其孰能撓焉？故聖人，其窮也，使家人忘其貧；其達也，使王公忘爵祿而化卑。其於物也，與之爲娛矣；「矣」當作「娭」。其於人也，樂物之通而保己焉。故或不言而飲人以和，與人並立而使人化。父子之宜，彼其乎歸居，而一間其所施。其於人心者，若是其遠也。故曰待公閱休。」

聖人達綢繆，周盡一體矣，而不知其然，性也。復命搖作而以天爲師，人則從而命之也。憂乎知而所行恒無幾時，其有止也若之何？優長之優，《說文》本作憂，在夊部。心部之「㥑」，乃患意也。莊子言人恃優乎知，而知之用無幾，待其止竭，未有不自困耳。

生而美者，人與之鑑，不告則不知其美於人也。若知之，若不知之，若聞之，若不聞之，其可喜也終無已，人之好之亦無已，性也。聖人之愛人也，人與之名，不告則不知其愛人也。若知之，若不知之，若聞之，若不聞之，其愛人也終無已，人之安之亦無已，性也。

舊國舊都，望之暢然，雖使邱陵草木之緡入之者十九，猶之暢然。況見見聞聞者也，以十仞之臺縣衆閒者也。緡乃芒昧不分明之意，《在宥》篇「當我緡乎」同此解。言舊都雖入於芒昧者十九，所見才十一耳，已自暢然，況見聞真切者乎？以譬電光石火所照尚有須臾自通處，況了見本性者乎？

冉相氏得其環中以隨成，與物無終無始，無幾無時。日與物化者，一不化者也，闔嘗舍之？夫師天而不得，句。師天與物皆殉，句。其以爲事也若之何？夫聖人未始有天，未始有人，未始有始，未始有物，與世偕行而不替，所行之備而不洫，其合之也若之何？師天而不得，言以意解所至爲師天者也。此與殉物者同爲殉耳，曷足貴乎？聖人之師天，則未始知有天也，是以與天合也。

湯得其司御，句。門尹登恒爲之傅之，句。從師而不囿。句。得其隨成，句。爲之司其名之名，句。嬴法得其兩見。句。仲尼之盡慮，爲之傅之。句。此章之意，謂知過於師，乃堪傳法。

容成氏曰：「除日無歲，無内無外。」除日無歲者，積少以爲多也。無内無外者，積微以成著也。此古之格言，非寓言、重言之類。

魏瑩與田侯牟約，田侯牟背之，魏瑩怒，將使人刺之。犀首聞而恥之，曰：「君爲萬乘之君也，而以匹夫從讎。衍請受甲二十萬，爲君攻之，虜其人民，係其牛馬，使其君内熱發於背，然後拔其國。忌也出走，然後抶其背，折其脊。」季子聞而恥之，曰：「築十仞之城，城者既十仞矣，則又壞之，此胥靡之所苦也。今兵不起七年矣，此王之基也。衍亂人，不可聽也。」華子聞而醜之，曰：「善言伐齊者，亂人也；善言勿伐者，亦亂人也。謂伐之與不伐亂人也者，又亂人也。」君曰：「然則若何？」曰：「君求其道而已矣。」惠子聞之，而見戴晉人。戴晉人曰：「有所謂蝸者，君知之乎？」曰：「然。」「有國於蝸之左角者，曰觸氏；有國於蝸之右角者，曰蠻氏。時相與爭地而戰，伏尸數萬，逐北旬有五日而後反。」君曰：「噫。其虛言與？」曰：「臣請爲君實之。君以意在四方上下有窮乎？」君曰：「無窮。」曰：「知遊心於無窮，而反在通達之國，若存若亡乎？」君曰：「然。」曰：「通達之中有魏，於魏中有梁，於梁中有王，王與蠻氏有辯乎？」君曰：「無辯。」客出而君惝然若有亡也。客出，惠子見。君曰：「客，大人也，聖人不足以當之。」惠子曰：「夫吹筦也，猶有嗃也；吹劍首者，吷而已矣。堯、舜，人之所譽也，道堯、舜於戴晉人之前，譬猶一吷也。」

孔子之楚，舍於蟻丘之漿。其鄰有夫妻臣妾登極者，子路曰：「是稯稯何爲者邪？」仲尼曰：「是聖人僕也。是自埋於民，自藏於畔。其聲銷，其志無窮，其口雖言，其心未嘗言，方且與世違而心不屑與之俱，是陸沈者也。是其市南宜僚邪？」子路請往召之，孔子曰：「已矣。彼知丘之著於己也，知丘之適楚也，以丘爲必使楚王之召己也，彼且以丘爲佞人也。夫若然者，其於佞人也羞聞其言，而況親見其身乎？而何以爲存？」子路往視之，其室虚矣。

長梧封人問子牢曰：「君爲政焉勿鹵莽，治民焉勿滅裂。昔予爲禾，耕而鹵莽之，則其實亦鹵莽而報予；芸而滅裂之，其實亦滅裂而報予。予來年變齊，深其耕而熟耰之，其禾繁以滋，予終年厭飧。」莊子聞之，曰：「今人之治其形，理其心，多有似封人之所謂，句。遯其天，句。離其性，句。滅其情，句。亡其神，句。以衆爲故。句。鹵莽其性者，句。欲惡之孽爲性，句。萑葦蒹葭始萌，以扶吾形，句。尋擢吾性，句。竝潰漏發，不擇所出，漂疽疥癰，内熱溲膏是也。」「遯其天」四句，謂滅裂也。以嗜欲之物養生，如葭葦不堅，又始萌者，取以扶形，則足以自喪其生而已，是鹵莽也。柏矩學於老聃，曰：「請之天下遊。」老聃曰：「已矣，天下猶是也。」又請之，老聃曰：「女將何始？」曰：「始於齊。」至齊，見辜人焉，推而强之，解朝服而幕之，號天而哭之，曰：「子乎子乎，天下有大菑，子獨先離之。」曰：「莫爲盜，莫爲殺人。榮辱立然後覩所病，貨財聚然後覩所爭。今立人之所病，聚人之所爭，窮困人之身，使無休時，欲無至此，得乎？古之君人者，以得爲在民，以失爲在己；以正爲在民，以枉爲在己；故一形有失其形者，退而自責。今則不然，匿爲物而愚不識，大爲難而罪不敢，重爲任而罰不勝，遠其塗而誅不至。民知力竭，則以僞繼之，日出多僞，士民安取不僞？夫力不足則僞，知不足則欺，財不足則盜，盜竊之行，於誰責而可乎？誦其言實，自令人悲痛。

蘧伯玉行年六十而六十化，未嘗不始於是之而卒詘之以非也，未知今之所謂是之非五十九非也。萬物有乎生而莫見其根，有乎出而莫見其門。人皆尊其知之所知，而莫知恃其知之所不知而後知，可不謂大疑乎？已乎已乎，且無所逃此，句。則所謂然與，句。然乎？

仲尼問於太史大弢、伯常騫、狶韋曰：「夫衛靈公飲酒湛樂，不聽國家之政；田獵畢弋，不應諸侯之際，其所以爲靈公者何邪？」大弢曰：「是因是也。」伯常騫曰：「夫靈公有妻三人，同濫而浴。史鰌奉御而進所，搏幣而扶翼。其慢若彼之甚也，見賢人若此其肅也，是其所以爲靈公也。」狶韋曰：「夫靈公也，死，卜葬於故墓不吉，卜葬於沙邱而吉。掘之數仞，得石槨焉，洗而視之，有銘焉，曰：『不馮其子，靈公奪而里之。』夫靈公之爲靈也久矣，之二人何足以識之？」

少知問於太公調曰：「何謂邱里之言？」太公調曰：「邱里者，合十姓百名而以爲風俗也，合異以爲同，散同以爲異。今指馬之百體而不得馬，而馬係於前者，立其百體而謂之馬也。是故邱山積卑而爲高，江河合水而爲大，大人合并而爲公。是以自外入者，有主而不執；由中出者，有正而不距。四時殊氣，天不賜，故歲成；五官殊職，君不私，故國治；文武大人不賜，故德備；萬物殊理，道不私，故無名。無名故無爲，無爲而無不爲。時有終始，世有變化。禍福淳淳，至有所拂者而有所宜；自殉殊面，殊面即㔟面，以比學一先生之言，從之至死者。有所正者有所差。比於大澤，百材皆度；觀乎大山，木石同壇。此之謂邱里之言。」少知曰：「然則謂之道，足乎？」太公調曰：「不然。今計物之數，不止於萬，而期曰萬物者，以數之多者號而讀之也。是故天地者，形之大者也；陰陽者，氣之大者也。道者爲之公。因其大以號而讀之則可也，已有之矣，乃將得比哉？則若以斯辯，譬猶狗馬，其不及遠矣。」少知曰：「四方之內，六合之裏，萬物之所生惡起？」太公調曰：「陰陽相照相蓋相治，四時相代相生相殺，欲惡去就於是橋起，雌雄片合於是庸有。安危相易，禍福相生，緩急相摩，聚散以成，此名實之可紀，精之可志也。隨序之相理，橋運之相使，窮則反，終則始，此物之所有，言之所盡，知之所至，極物而已。覩道之人，不隨其所廢，不原其所起，此議之所止。」少知曰：「季真之莫爲，接子之或使，二家之議，孰正於其情？孰偏於其理？」太公調曰：「雞鳴狗吠，是人之所知。雖有大知，不能以言讀其所自化，又不能以意其所將爲。斯而析之，精至於無倫，大至於不可圍，或之使，莫之爲，未免於物而終以爲過。或使則實，莫爲則虛。有名有實，是物之居；無名無實，在物之虛。可言可意，言而愈疏。未生不可忌，已死不可阻。死生非遠也，理不可覩。或之使，莫之爲，疑之所假。吾觀之本，其往無窮；吾求之末，其來無止。無窮無止，言之無也，與物同理；或使莫爲，言之本也，與物終始。道不可有，有不可無。道之爲名，所假而行。或使莫爲，在物一曲，夫胡爲於大方？言而足，則終日言而盡道；言而不足，則終日言而盡物。道物之極，言默不足以載。非言非默，議其有極。」

雜篇外物第二十六十七章。

外物不可必，故龍逢誅，比干戮，箕子狂，惡來死，桀、紂亡。人主莫不欲其臣之忠，而忠未必信，故伍員流於江，萇宏死於蜀，藏其血三年而化爲碧。人親莫不欲其子之孝，而孝未必愛，故孝己憂而曾參悲。

木與木相摩則然，金與火相守則流。陰陽錯行，則天地大絯，於是乎有雷有霆，水中有火，乃焚大槐。有甚憂兩陷而無所逃，螴蜳不得成，心若縣於天地之間，慰暋沈屯，利害相摩，生火甚多，衆人焚和，月固不勝火，於是乎有僓然而道盡。

莊周家貧，故往貸粟於監河侯。監河侯曰：「諾。我將得邑金，將貸子三百金，可乎？」莊周忿然作色曰：「周昨來，有中道而呼者，周顧視車轍，中有鮒魚焉。周問之曰：『鮒魚來，子何爲者邪？』對曰：『我，東海之波臣也。君豈有斗升之水而活我哉？』周曰：『諾。我且南遊吳越之王，激西江之水而迎子，可乎？』鮒魚忿然作色曰：『吾失我常與，我無所處。吾得斗升之水然活耳，君乃言此，曾不如早索我於枯魚之肆。』」

任公子爲大鉤巨緇，五十犗以爲餌，蹲乎會稽，投竿東海，旦旦而釣，期年不得魚。

已而大魚食之，牽巨鉤，錎沒而下騖，揚而奮鬐，白波若山，海水震蕩，聲侔鬼神，憚赫千里。任公子得若魚，離而腊之，自制河以東，蒼梧以北，莫不厭若魚者。已而後世輇材諷説之徒，皆驚而相告也。夫揭竿累，趣灌瀆，守鯢鮒，其於得大魚難矣。飾小説以干縣令，其於大達亦遠矣。是以未嘗聞任氏之風俗，其不可與經於世亦遠矣。

儒以《詩》、《禮》發冢，大儒臚傳曰：「東方作矣，事之何若？」小儒曰：「未解裙襦，口中有珠。《詩》固有之曰：『青青之麥，生于陵陂。生不布施，死何含珠爲？』」接其鬢，壓其顪，儒以金椎控其頤，徐別其頰，無傷口中珠。」

老萊子之弟子出薪，遇仲尼，反以告曰：「有人於彼，修上而趨下，末僂而後耳，視若營四海，不知其誰氏之子？」老萊子曰：「是丘也，召而來。」仲尼至，曰：「丘，去女躬矜與女容知，斯爲君子矣。」仲尼揖而退，蹙然改容而問曰：「業可得進乎？」老萊子曰：「夫不忍一世之傷而驁萬世之患，抑固窶邪，亡其略弗及邪？惠以歡爲驁，終身之醜，中民之行進焉耳，相引以名，相結以隱。與其譽堯而非桀，不如兩忘而閉其所譽。反無非傷也，動無非邪也。聖人躊躇以興事，以每成功。奈何哉其載焉終矜爾？」

宋元君夜半而夢人被髮闚阿門，曰：「予自宰路之淵，予爲清江使河伯之所，漁者余且得予。」元君覺，使人占之，曰：「此神龜也。」君曰：「漁者有余且乎？」左右曰：

「有。」君曰：「令余且會朝。」明日，余且朝，君曰：「漁何得？」對曰：「且之網得白龜焉，箕圓五尺。」君曰：「獻若之龜。」龜至，君再欲殺之，再欲活之，心疑，卜之，曰：「殺龜以卜吉。」乃刳龜，七十二鑽而無遺筴。仲尼曰：「神龜能見夢於元君，而不能避余且之網；知能七十二鑽而無遺筴，不能避刳腸之患。如是則知有所困，神有所不及也。雖有至知，萬人謀之。魚不畏網而畏鵜鶘。去小知而大知明，去善而自善矣。」網之害大於鵜鶘，人之小知者，猶魚之不知畏網也。子瞻之解非是。

嬰兒生無石師而能言，與能言者處也。

惠子謂莊子曰：「子言無用。」莊子曰：「知無用而始可與言用矣。夫地非不廣且大也，人之所用容足耳，然則厠足而墊之致黃泉，人尚有用乎？」惠子曰：「無用。」莊子曰：「然則無用之爲用也亦明矣。」

莊子曰：「人有能遊，且得不遊乎？人而不能遊，且得遊乎？夫流遯之志，決絕之行，噫，其非至知厚德之任與。覆墜而不反，火馳而不顧，雖相與爲君臣，時也，易世而無以相賤。故曰：至人不留行焉。夫尊古而卑今，學者之流也。且以豨韋氏之流觀今之世，夫孰能不波？唯至人乃能遊於世而不僻，順人而不失己。」

彼教不學，承意不彼。

目徹爲明，耳徹爲聰，鼻徹爲顫，口徹爲甘，心徹爲知，知徹爲德。凡道不欲壅，壅則哽，哽而不止則跈，跈則衆害生。物之有知者恃息，其不殷，非天之罪。天之穿之，日夜無降，人則顧塞其竇。胞有重閬，心有天遊。室無空虛，則婦姑勃谿；心無天遊，則六鑿相攘。大林邱山之善於人也，亦神者不勝。

德溢乎名，名溢乎暴，謨稽乎誸，知出乎爭，柴生乎守官，句。事果乎衆宜。春雨日時，草木怒生，銚鎒於是乎始修，草木之到植者過半而不知其然。

靜默可以補病，眥搣可以休老，寧可以止遽。雖然，若是勞者之務也，非佚者之所未嘗過而問焉。聖人之所以駴天下，神人未嘗過而問焉。賢人所以駴世，聖人未嘗過而問焉。君子所以駴國，賢人未嘗過而問焉。小人所以合時，君子未嘗過而問焉。

演門有親死者，以善毀爵爲官師，其黨人毀而死者半。堯與許由天下，許由逃之。湯與務光，務光怒之。紀他聞之，帥弟子而踆於窾水，諸侯弔之。三年，申徒狄因以踣河。

荃者所以在魚，得魚而忘荃；蹄者所以在兔，得兔而忘蹏；言者所以在意，得意而忘言。吾安得夫忘言之人而與之言哉？合「寓言十九」爲一章。

雜篇寓言第二十七

七章。「寓言」一章，正與「荃者」節相續，分篇者，殊爲不審也。

寓言十九，重言十七，卮言日出，和以天倪。寓言十九，藉外論之。親父不爲其子媒，親父譽之，不若非其父者也。非吾罪也，人之罪也。與己同則應，不與己同則反；同於己爲是之，異於己爲非之。重言十七，所以已言也，是爲耆艾。年先矣，而無經緯本末以期年耆者，是非先也。人而無以先人，無人道也。人而無人道，是之謂陳人。莊生之書，凡託爲人言者，十有其九。就寓言中其託爲神農、黄帝、堯、舜、孔、顔之類，言足爲世重者，又十有其七。「藉外論之」下六句，解寓言意。「與己同」下十四句，解重言意也。卮言日出，和以天倪，因以曼衍，所以窮年。不言則齊，齊與言不齊，言與齊不齊也，故曰無言。言無言，終身言，未嘗言；終身不言，未嘗不言。卮以盛水，而卮非水也；言之中有道，而言非道也。不言而道存，則物自齊矣。然知其齊者，與世之所言不可得而齊也，故不得已而言，以齊其不齊也，故雖言而猶之無言。有自也而可，有自也而不可；有自也而然，有自也而不然。惡乎然？然於然。惡乎不然？不然於不然。惡乎可？可於可。惡乎不可？不可於不可。物固有所然，物固有所可，無物不然，無物不可。非卮言日出，和以天倪，孰得其久？萬物皆種也，以不同形相禪，始卒若環，莫得其倫，是謂天均。天均者，天倪也。《齊物論》「何謂和之以天倪」八十四字，當在此「天倪也」下。其章末「忘年忘義」，與章首

「忘言」正相應。

莊子謂惠子曰：「孔子行年六十而六十化，始時所是，卒而非之。未知今之所謂是之非五十九非也。」惠子曰：「孔子勤志服知也。」莊子曰：「孔子謝之矣，而其未之嘗言。孔子云：『夫受才乎大本，句。復靈以生。』句。鳴而當律，句。言而當法，句。利義陳乎前，而好惡是非直服人之口而已矣。句。使人乃以心服，而不敢蘁立，句。定天下之定。句。已乎已乎，句。吾且不得及彼乎。」勤志服知，孔子所言以教弟子者，然非孔子所以爲孔子，故曰謝之。若所未嘗言者，乃所爲孔子云也。何也？蓋有大本存焉。受才於大本，復善以反其生，孔子所以爲孔子也，還其天而已矣。若夫當律當法而明是非，此德之小者，豈孔子之謂哉？

曾子再仕而心再化，曰：「吾及親仕，三釜而心樂，後仕三千鍾不洎，吾心悲。」弟子問於仲尼曰：「若參者，可謂無所縣其罪乎？」曰：「既已縣矣。夫無所縣者，可以有哀乎？彼視三釜三千鍾，如鸛雀蚊蛇相過乎前也。」

顔成子遊謂東郭子綦曰：「自吾聞子之言，一年而野，二年而從，三年而通，四年而物，五年而來，六年而鬼，七年而天成，八年而不知死，不知生，九年而大妙。」

生有爲，死也勸。句。公以其死也有自也，而生陽也無自也。句。而果然乎？句。惡乎其所適？惡乎其所不適？天有歷數，地有人據，吾惡乎求之？莫知其所終，若之何其無命也？莫知其所始，若之何其有命也？有以相應也，若之何其無鬼邪？無以相應也，若之何其有鬼邪？

衆罔兩問於景曰：「若向也俯而今也仰，向也括而今也被髮，向也坐而今也起，向也行而今也止，何也？」景曰：「搜搜也，奚稍問也？予有而不知其所以。予，蜩甲也，蛇蜕也，似之而非也。火與日，吾屯也；陰與夜，吾代也。彼吾所以有待邪？而况乎以有待者乎？彼來則我與之來，彼往則我與之往，彼强陽則我與之强陽。强陽者，又何以有問乎？」

陽子居南之沛，老聃西遊於秦，邀於郊，至於梁，而遇老子。老子中道仰天而歎曰：「始以女爲可教，今不可也。」陽子居不答。至舍，進盥漱巾櫛，脱屨戶外，膝行而前，曰：「向者弟子欲請夫子，夫子行不閒，是以不敢。今閒矣，請問其故？」老子曰：「而睢睢盱盱，而誰與居？大白若辱，盛德若不足。」陽子居蹵然變容曰：「敬聞命矣。」其往也，舍者迎將，其家公執席，妻執巾櫛，舍者避席，煬者避竈。其反也，舍者與之爭席矣。

莊子章義卷五

雜篇讓王第二十八 十五章。

堯以天下讓許由，許由不受。又讓於子州支父，子州支父曰：「以我爲天子，猶之可也。雖然，我適有幽憂之病，方且治之，未暇治天下也。」夫天下，至重也，而不以害其生，又况他物乎？唯無以天下爲者可以託天下也。舜讓天下於子州支伯，子州支伯曰：「予適有幽憂之病，方且治之，未暇治天下也。」故天下大器也，而不以易生，此有道者之所以異乎俗者也。舜以天下讓善卷，善卷曰：「予立於宇宙之中，冬日衣皮毛，夏日衣葛絺，春耕種，形足以勞動，秋收斂，身足以休食。日出而作，日入而息，逍遥於天地之間，而心意自得。吾何以天下爲哉？悲夫，子之不知予也。」遂不受，於是去而入深山，莫知其處。舜以天下讓其友石户之農，石户之農曰：「捲捲乎后之爲人，葆力之士也。」以舜之德爲未至也，於是夫負妻戴，攜子以入於海，終身不反也。

大王亶父居邠，狄人攻之，事之以皮帛而不受，事之以犬馬而不受，事之以珠玉而不受，狄人之所求者，土地也。大王亶父曰：「與人之兄居而殺其弟，與人之父居而殺其子，吾不忍也。子皆勉居矣，爲吾臣與爲狄人臣奚以異？且吾聞之，不以所用養害所養。」因杖筴而去之。民相連而從之，遂成國於岐山之下。夫大王亶父可謂能尊生矣。能尊生者，雖富貴不以養傷身，雖貧賤不以利累形。今世之人居高官尊爵者，皆重失之，見利輕亡其身，豈不惑哉？

越人三世弑其君，王子搜患之，逃乎丹穴。而越國無君，求王子搜不得，從之丹穴。王子搜不肯出，越人薰之以艾。乘以王輿。王子搜援綏登車，仰天而呼曰：「君乎君乎，獨不可以舍我乎？」王子搜非惡爲君也，惡爲君之患也。若王子搜者，可謂不以國傷生矣，此固越人之所欲得爲君也。

韓魏相與爭侵地，子華子見昭僖侯，昭僖侯有憂色。子華子曰：「今使天下書銘於君之前，書之言曰：『左手攫之則右手廢，右手攫之則左手廢，然而攫之者必有天下。』君能攫之乎？」昭僖侯曰：「寡人不攫也。」子華子曰：「甚善。自是觀之，兩臂重於天下也，身亦重於兩臂。韓之輕於天下亦遠矣，今之所爭者，其輕於韓又遠。君固愁身傷生以憂戚不得也。」僖侯曰：「善哉。教寡人者衆矣，未嘗得聞此言也。」子華子可謂知輕重矣。

魯君聞顔闔得道之人也，使人以幣先焉。顔闔守陋閭，苴布之衣，而自飯牛。魯君之使者至，顔闔自對之。使者曰：「此顔闔之家與？」顔闔對曰：「此闔之家也。」使者致幣，顔闔對曰：「恐聽謬而遺使者罪，「聽」下「者」字，從張君房本删。不若審之。」使者還，反審之，復來求之，則不得已。故若顔闔者，真惡富貴也。故曰，道之真以治身，其緒餘以爲國家，其土苴以治天下。由此觀之，帝王之功，聖人之餘事也，非所以完身養生也。今世俗之君子，多危身棄生以殉物，豈不悲哉？凡聖人之動作也，必察其所以之與其所以爲。今且有人於此，以隨侯之珠，彈千仞之雀，世必笑之。是何也？則其所用者重而所要者輕也。夫生者，豈特隨侯之重哉？

子列子窮，容貌有飢色。客有言之於鄭子陽者，曰：「列禦寇蓋有道之士也，居君之國而窮，君無乃爲不好士乎？」鄭子陽即令官遺之粟。子列子見使者，再拜而辭。使者去，子列子入，其妻望之而拊心曰：「妾聞爲有道者之妻子，皆得佚樂，今有飢色。君過而遺先生食，先生不受，豈不命邪？」子列子笑謂之曰：「君非自知我也，以人之言而遺我粟。至其罪我也，又且以人之言，此吾所以不受也。」其卒，民果作難而殺子陽。

楚昭王失國，屠羊説走而從於昭王。昭王反國，將賞從者，及屠羊説。屠羊説曰：

「大王失國，説失屠羊；大王反國，説亦反屠羊。臣之爵禄已復矣，又何賞之有[二]？」王曰：「强之。」屠羊説曰：「大王失國，非臣之罪，故不敢伏其誅；大王反國，非臣之功，故不敢當其賞。」王曰：「見之。」屠羊説曰：「楚國之法，必有重賞大功而後得見。今臣之知不足以存國，而勇不足以死寇。吴軍入郢，説畏難而避寇，非故隨大王也。今大王欲廢法毁約而見説，此非臣之所以聞天下也。」王謂司馬子綦曰：「屠羊説居處卑賤而陳義甚高，子綦爲我延之以三旌之位。」屠羊説曰：「夫三旌之位，吾知其貴於屠羊之肆也；萬鍾之禄，吾知其富於屠羊之利也。然豈可以貪爵禄而使吾君有妄施之名乎？説不敢當，願復反吾屠羊之肆。」遂不受也。

原憲居魯，環堵之室，茨以生草，蓬户不完，桑以爲樞；而甕牖二室，褐以爲塞，上漏下溼，匡坐而弦。子貢乘大馬，中紺而表素，軒車不容巷，往見原憲。原憲華冠縱履，杖藜而應門。子貢曰：「嘻，先生何病？」原憲應之曰：「憲聞之，無財謂之貧，學而不能行謂之病。今憲貧也，非病也。」子貢逡巡而有愧色。原憲笑曰：「夫希世而行，比周而友，學以爲人，教以爲己，仁義之慝，輿馬之飾，憲不忍爲也。」

〔二〕「有」，原作「言」，據《道藏》成疏本卷三〇改。

曾子居衛，緼袍無表，顔色腫噲，手足胼胝。三日不舉火，十年不製衣，正冠而纓絶，捉衿而肘見，納屨而踵决。曳縰而歌《商頌》，聲滿天地，若出金石。天子不得臣，諸侯不得友。故養志者忘形，養形者忘利，致道者忘心矣。

孔子謂顔回曰：「回，來。家貧居卑，胡不仕乎？」顔回對曰：「不願仕。回有郭外之田五十畝，足以給飦粥；郭内之田十畝，足以爲絲麻。鼓琴足以自娱，所學夫子之道者，足以自樂也。回不願仕。」孔子愀然變容曰：「善哉回之意。丘聞之：『知足者不以利自累也，審自得者失之而不懼，行修於内者，無位而不怍。』丘誦之久矣，今於回而後見之，是丘之得也。」

中山公子牟謂瞻子曰：「身在江湖之上，心居乎魏闕之下，奈何？」瞻子曰：「重生。重生則利輕。」中山公子牟曰：「雖知之，未能自勝也。」瞻子曰：「不能自勝則從，神無惡乎？不能自勝而强不從者，此之謂重傷之人，無壽類矣。」魏牟，萬乘之公子也，其隱巖穴也，難爲於布衣之士；雖未至乎道，可謂有其意矣。

孔子窮於陳、蔡之間，七日不火食，藜羹不糝，顔色甚憊，而弦歌於室。顔回擇菜，子路、子貢相與言曰：「夫子再逐於魯，削迹於衛，伐樹於宋，窮於商、周，圍於陳、蔡，殺夫子者無罪，藉夫子者無禁。弦歌鼓琴，未嘗絶音，君子之無恥也若此乎？」顔回無以應，入告孔子，孔子推琴，喟然而歎曰：「由與賜，細人也。召而來，吾語之。」子路、子貢入。子路曰：「如此者，可謂窮矣。」孔子曰：「是何言也？君子通於道之謂通，窮於道之謂窮。今丘抱仁義之道，以遭亂世之患，其何窮之爲？故内省而不窮於道，臨難而不失其德，天寒既至，霜雪既降，吾是以知松柏之茂也。桓公得之莒，文公得之曹，越王得之會稽，陳、蔡之隘，於丘其幸乎。」孔子削然反琴而弦歌，子路扢然執干而舞。子貢曰：「吾不知天之高也，地之下也。」古之得道者，窮亦樂，通亦樂。所樂非窮通也，道德於此，則窮通爲寒暑風雨之序矣。故許由虞於潁陽，而共伯得志乎共首。「得」下「志」字，從江南本增。

舜以天下讓其友北人無擇，北人無擇曰：「異哉后之爲人也，居於畎畝之中，而遊堯之門。不若是而已，又欲以其辱行漫我。吾羞見之。」因自投清泠之淵。

湯將伐桀，因卞隨而謀。卞隨曰：「非吾事也。」湯曰：「孰可？」曰：「吾不知也。」湯又因瞀光而謀，瞀光曰：「非吾事也。」湯曰：「孰可？」曰：「吾不知也。」湯曰：「伊尹何如？」曰：「强力忍垢，吾不知其他也。」湯遂與伊尹謀伐桀，剋之，以讓卞隨。卞隨辭曰：「后之伐桀也，謀乎我，必以我爲賊也；勝桀而讓我，必以我爲貪也。吾生乎亂世，而無道之人再來漫我以其辱行，吾不忍數聞也。」乃自投椆水而死。湯又讓瞀光曰：「知者謀之，武者遂之，仁者居之，古之道也。吾子胡不立乎？」瞀光辭曰：

「廢上，非義也；殺民，非仁也；人犯其難，我享其利，非廉也。吾聞之曰：『非其義者，不受其禄；無道之世，不踐其土。』況尊我乎？吾不忍久見也。」乃負石而自沈於廬水。

昔周之興，有士二人，處於孤竹，曰伯夷、叔齊。二人相謂曰：「吾聞西方有人，似有道者，試往觀焉。」至於岐陽，武王聞之，使叔旦往見之，與之盟曰：「加富二等，就官一列。」血牲而埋之。二人相視而笑曰：「嘻，異哉。此非吾所謂道也。昔者神農之有天下也，時祀盡敬而不祈喜；其於人也，忠信盡治而無求焉。樂與政爲政，樂與治爲治，不以人之壞自成也，不以人之卑自高也，不以遭時自利也。今周見殷之亂而遽爲政，上謀而下行貨，阻兵而保威，割牲而盟以爲信，揚行以説衆，殺伐以要利，是推亂以易暴也。吾聞古之士，遭治世不避其任，遇亂世不爲苟存。今天下闇，周德衰，其竝乎周以塗吾身也，不如避之以潔吾行。」二子北至於首陽之山，遂餓而死焉。若伯夷、叔齊者，其於富貴也，苟可得已，則必不賴。高節戾行，獨樂其志，不事於世，此二士之節也。

雜篇盜跖第二十九三章。

孔子與柳下季爲友，柳下季之弟名曰盜跖。盜跖從卒九千人，横行天下，侵暴諸侯，穴室樞户，驅人牛馬，取人婦女，貪得忘親，不顧父母兄弟，不祭先祖。所過之邑，大國守城，小國入保，萬民苦之。孔子謂柳下季曰：「夫爲人父者，必能詔其子；爲人兄者，必能教其弟。若父不能詔其子，兄不能教其弟，則無貴父子兄弟之親矣。今先生世之才士也，弟爲盜跖，爲天下害，而弗能教也，丘竊爲先生羞之。丘請爲先生往説之。」柳下季曰：「先生言爲人父者必能詔其子，爲人兄者必能教其弟，若子不聽父之詔，弟不受兄之教，雖今先生之辯，將奈之何哉？且跖之爲人也，心如涌泉，意如飄風，强足以拒敵，辯足以飾非，順其心則喜，逆其心則怒，易辱人以言。先生必無往。」孔子不聽，顔回爲馭，子貢爲右，往見盜跖。盜跖乃方休卒徒泰山之陽，膾人肝而餔之。孔子下車而前，見謁者曰：「魯人孔丘，聞將軍高義，敬再拜謁者。」謁者入通。盜跖聞之大怒，目如明星，髮上指冠，曰：「此夫魯國之巧僞人孔丘非邪？爲我告之：爾作言造語，妄稱文、武，冠枝木之冠，帶死牛之脅，多辭繆説，不耕而食，不織而衣，摇脣鼓舌，擅生是非，以迷天下之主，使天下學士不反其本，妄作孝弟，而僥倖於封侯富貴者也。子之罪大極重，疾走歸。不然，我將以子肝益晝餔之膳。」孔子復通曰：「丘得幸於季，願望履幕下。」謁者復通。盜跖曰：「使來前。」孔子趨而進，避席反走，再拜盜跖。盜跖大怒，兩展其足，案劍瞋目，聲如乳虎，曰：「丘來前。若所言順吾意則生，逆吾心則死。」孔子曰：「丘聞之：凡天下有三德，生而長大，美好無雙，少長貴賤見而皆説之，此上德也。知維天地，能辯諸物，此中德也。勇悍果敢，聚衆率兵，此下德也。凡人有此一德者，足以南面稱孤矣。今將軍兼此三者，身長八尺二寸，面目有光，脣如激丹，齒如齊貝，音中黄鍾，而名曰盜跖，丘竊爲將軍恥不取焉。將軍有意聽臣，臣請南使吴、越，北使齊、魯，東使宋、衛，西使晉、楚，使爲將軍造大城數百里，立數十萬户之邑，尊將軍爲諸侯，與天下更始，罷兵休卒，收養昆弟，共祭先祖。此聖人才士之行，而天下之願也。」盜跖大怒曰：「丘來前。夫可規以利而可諫以言者，皆愚陋恒民之謂耳。今長大美好，人見而説之者，此吾父母之遺德也。丘雖不吾譽，吾獨不自知邪？且吾聞之：好面譽人者，亦好背而毁之。今丘告我以大城衆民，是欲規我以利而恒民畜我也，安可長久也？城之大者，莫大乎天下矣，堯、舜有天下，子孫無置錐之地。湯、武立爲天子，而後世絶滅。非以其利大故邪？且吾聞之：古者禽獸多而人民少，於是民皆巢居以避之，晝拾橡栗，暮棲木上，故命之曰有巢氏之民。古者民不知衣服，夏多積薪，冬則煬之，故命之曰知生之民。神農之世，臥則居居，起則于于，民知其母，不知其父，與麋鹿共處，耕而食，織而衣，無有相害之心，此至德之隆也。然而黄帝不能致德，與蚩尤戰於涿鹿之野，流血百里。堯、舜作，立群臣，湯放其主，武王殺紂，自是之後，以强陵弱，以衆暴寡。湯、武以來，皆亂人之徒也。今子修文、武之道，掌天下之辯，以教後世，縫衣淺帶，矯言僞行，以迷惑天下之主，而欲求富貴焉。盜莫大於子，天下何故不謂子爲盜丘，而乃謂我爲盜跖？子以甘辭説子路而使從之，使子路去其危冠，解其長劍，而受教於子。天下皆曰：『孔丘能止暴禁非。』其卒之也，子路欲殺衛君而事不成，葅於衛東門之上，是子教之不至也。子自謂才士聖人邪？則再逐於魯，削迹於衛，窮於齊，圍於陳、蔡，不容身於天下。子教子路葅，此患上無以爲身，下無以爲人，子之道豈足貴邪？世之所高莫若黄帝，黄帝尚不能全德，而戰涿鹿之野，流血百里。堯不慈，舜不孝，禹偏枯，湯放其主，武王伐紂，文王居羑里。此六子者，世之所高也，孰論之，皆以利惑其真而强反其情性，其行乃甚可羞也。世之所謂賢士，伯夷、叔齊，辭孤竹之君，而餓死於首陽之山，骨肉不葬。鮑焦飾行非世，抱木而死。申徒狄諫而不聽，負石自投於河，爲魚鼈所食。介子推至忠也，自割其股以食文公，文公後背之，子推怒而去，抱木而燔死。尾生與女子期於梁下，女子不來，水至不去，抱梁柱而死。此四者，無異於磔犬流豕、操瓢而乞者，皆離名輕死，不念本養壽命者也。世之所謂忠臣者，莫若王子比干、伍子胥，子胥沈江，比干剖心。此二子者，世謂忠臣也，然卒爲天下笑。自上觀之，至於子胥、比干，皆不足貴也。丘之所以説我者，若告我以鬼事，則我不能知也。若告我以人事者，不過此矣，皆吾所聞知也。今吾告子以人之情，目欲視色，耳欲聽聲，口欲察味，志氣欲盈。人上壽百歲，中壽八十，下壽六十，除病瘦死喪憂患，其中開口而笑者，一月之中不過四五日而已矣。天與地無窮，人死者有時，操有時之具，而託於無窮之間，忽然無異騏驥之馳過隙也。不能説其志意、養其壽命者，皆非通道者也。丘之所言，皆吾之所棄也。亟去走歸，無復言之。子之道狂狂汲汲，詐巧虛僞事也，非可以全真也，奚足論哉？」孔子再拜趨走，出門上車，執轡三失，目芒然無見，色若死灰，據軾低頭，不能出氣。歸到魯東門外，適遇柳下季，柳下季曰：「今者闕然數日不見，車馬有行色，得微往見跖邪？」孔子仰天而歎曰：「然。」柳下季曰：「跖得無逆女意若前乎？」孔子曰：「然。丘所謂無病而自灸也，疾走料虎頭，編虎鬚，幾不免虎口哉。」子張問於滿苟得曰：「盍不爲行？無行則不信，不信則不任，不任則不利。故觀之名，計之利，而義真是也。若棄名利，反之於心，則夫士之爲行，不可一日不爲乎。」滿苟得曰：「無恥者富，多信者顯。夫名利之大者，幾在無恥而信。故觀之名，計之利，而信真是也。若棄名利，反之於心，則夫士之爲行，抱其天乎。」子張曰：「昔者桀、紂貴爲天子，富有天下。今謂臧聚曰：『女行如桀、紂。』則有怍色，有不服之心者，小人所賤也。仲尼、墨翟，窮爲匹夫。今爲宰相曰：『子行如仲尼、墨翟。』則變容易色，稱不足者，士誠貴也。故勢爲天子，未必貴也。窮爲匹夫，未必賤也。貴賤之分，在行之美惡。」滿苟得曰：「小盜者拘，大盜者爲諸侯。諸侯之門，義士存焉。昔者桓公小白殺兄入嫂，而管仲爲臣；田成子常殺君竊國，而孔子受幣。論則賤之，行則下之，則是言行之情悖戰於胸中也，不亦拂乎？故《書》曰：『孰惡孰美？成者爲首，不成者爲尾。』」子張曰：「子不爲行，即將疏戚無倫，貴賤無義，長幼無序，五紀六位將何以爲別乎？」滿苟得曰：「堯殺長子，舜流母弟，疏戚有倫乎？湯放桀，武王殺紂，貴賤有義乎？王季爲適，周公殺兄，長幼有序乎？儒者僞辭，墨者兼愛，五紀六位，將有別乎？且子正爲名，我正爲利，名利之實，不順於理，不監於道。吾日與子訟於無約，曰：『小人殉財，君子殉名。其所以變其情、易其性，則異矣；乃至於棄其所爲而殉其所不爲，則一也。』故曰：無爲小人，反殉而天；無爲君子，從天之理。若枉若直，相爲天極，面觀四方，與時消息。若是若非，執而圓機，獨成而意，與道徘徊。無轉而行，無成而義，將失而所爲。無赴而富，無徇而成，將棄而天。

比干剖心，子胥抉眼，忠之禍也。直躬證父，尾生溺死，信之患也。鮑子立乾，申子不自理〔一〕，廉之害也。孔子不見母，匡子不見父，義之失也。此上世之所傳，下世之所語，以爲士者正其言，必其行，故服其殃，離其患也。」

無足問於知和曰：「人卒未有不興名就利者，彼富則人歸之，歸則下之，下則貴之。夫見下貴者，所以長生安體樂意之道也。今子獨無意焉，知不足邪？意知而力不能行邪？故推正不忘邪？」知和曰：「今夫此人，以爲與己同時而生，同鄉而處者，以爲夫絶俗過世之士焉，是專無主正，所以覽古今之時、是非之分也，與俗化。世去至重，棄至尊，以爲其所爲也，此其所以論長生安體樂意之道，不亦遠乎？慘怛之疾，恬愉之安，不監於體；怵惕之恐，欣懽之喜，不監於心。知爲爲而不知所以爲，是以貴爲天子，富有天下，而不免於患也。」無足曰：「夫富之於人，無所不利。窮美究勢，至人之所不得逮，聖人之所不能及。俠人之勇力而以爲威强，秉人之智謀以爲明察，因人之德以爲賢良，非享國而嚴若君父。且夫聲色滋味權勢之於人，心不待學而樂之，體不待象而安之。夫欲惡避就，固不待師，此人之性也。天下雖非我，孰能辭之？」知和曰：「知者之爲，故動以

〔一〕「申」，原作「勝」，據《道藏》成疏本卷三一改。

百姓，不違其度，是以足而不爭，無以爲，故不求。不足故求之，爭四處而不自以爲貪；有餘故辭之，棄天下而不自以爲廉。廉貪之實，非以迫外也，反監之度。勢爲天子而不以貴驕人，富有天下而不以財戲人，計其患，慮其反，以爲害於性，故辭而不受也，非以要名譽也。堯、舜爲帝而雍，非仁天下也，不以美害生也。善卷、許由得帝而不受，非虛辭讓也，不以事害己。此皆就其利、辭其害，而天下稱賢焉，則可以有之，彼非以興名譽也。」無足曰：「必持其名，苦體絶甘，約養以持生，則亦久病長阨而不死者也。」知和曰：「平爲福，有餘爲害者，物莫不然，而財其甚者也。今富人，耳營鍾鼓筦籥之聲，口嗛於芻豢醪醴之味，以感其意，遺忘其業，可謂亂矣。侅溺於馮氣，若負重行而上也，可謂苦矣。貪財而取辱，「辱」字作「慰」，從張君房本改。貪權而取竭，靜居則溺，體澤則馮，可謂疾矣。爲欲富就利，故滿若堵耳而不知避，句。且馮而不舍，可謂辱矣。財積而無用，服膺而不舍，滿心戚醮，求益而不止，可謂憂矣。内則疑劫請之賊，外則畏寇盜之害，内周樓疏，外不敢獨行，可謂畏矣。此六者，天下之至害也，皆遺忘而不知察。及其患至，求盡性竭財，單以反一日之無故，而不可得也。故觀之名則不見，求之利則不得，繚意絶體而爭此，不亦惑乎？」

雜篇說劍第三十

一章。

昔趙文王喜劍，劍士夾門而客三千餘人，日夜相擊於前，死傷者歲百餘人，好之不厭。如是三年，國衰，諸侯謀之。太子悝患之，募左右曰：「孰能說王之意止劍士者，賜之千金。」左右曰：「莊子當能。」太子乃使人以千金奉莊子，莊子弗受，與使者俱往見太子，曰：「太子何以教周？賜周千金。」太子曰：「聞夫子明聖，謹奉千金，以幣從者。夫子弗受，悝尚何敢言？」莊子曰：「聞太子所欲用周者，欲絶王之喜好也。使臣上説大王而逆王意，下不當太子，則身刑而死，周尚安所事金乎？使臣上説大王，下當太子，趙國何求而不得也？」太子曰：「然。吾王所見，唯劍士也。」莊子曰：「諾。周善爲劍。」太子曰：「然吾王所見劍士，皆蓬頭突鬢，垂冠曼胡之纓，短後之衣，瞋目而語難，王乃説之。今夫子必儒服而見王，事必大逆。」莊子曰：「請治劍服。」治劍服三日，乃見太子。太子乃與見王，王脱白刃待之。莊子入殿門，不趨，見王不拜。王曰：「子欲何以教寡人？使太子先。」曰：「臣聞大王喜劍，故以劍見王。」王曰：「子之劍何能禁制？」曰：「臣之劍十步一人，千里不留行。」王大説，曰：「天下無敵矣。」莊子曰：「夫爲劍者，示之以虛，開之以利，後之以發，先之以至。願得試之。」王曰：「夫子休，就舍待命，令設戲請夫子。」王乃校劍士七日，死傷者六十餘人，得五六人，使奉劍於殿下，乃召莊子。王曰：「今日試使士敦劍。」莊子曰：「望之久矣。」王曰：「夫子所御杖，長短何如？」曰：「臣之所奉皆可。然臣有三劍，唯王所用。請先言而後試。」王曰：「願聞三劍。」曰：「有天子劍，有諸侯劍，有庶人劍。」王曰：「天子之劍何如？」曰：「天子之劍，以燕谿、石城爲鋒，齊岱爲鍔，晉、魏爲脊，周、宋爲鐔，韓、魏爲夾，包以四夷，裹以四時，繞以渤海，帶以常山，制以五行，論以刑德，開以陰陽，持以春夏，行以秋冬。此劍直之無前，舉之無上，案之無下，運之無旁，上決浮雲，下絕地紀。此劍一用，匡諸侯，天下服矣。此天子之劍也。」文王芒然自失，曰：「諸侯之劍何如？」曰：「諸侯之劍，以知勇士爲鋒，以清廉士爲鍔，以賢良士爲脊，以忠勝士爲鐔，以豪傑士爲夾。此劍直之亦無前，舉之亦無上，案之亦無下，運之亦無旁。上法圓天，以順三光；下法方地，以順四時；中知民意，以安四鄉。此劍一用，如雷霆之震也，四封之内無不賓服而聽從君命者矣。此諸侯之劍也。」王曰：「庶人之劍何如？」曰：「庶人之劍，蓬頭突鬢，垂冠曼胡之纓，短後之衣，瞋目而語難，相擊於前，上斬頸領，下決肝肺。此庶人之劍，無異於鬭雞，一旦命已絶矣，無所用於國事。今大王有天子之位，而好庶人之劍，臣竊爲大王薄之。」王乃牽而上殿，宰人上食，王三環之。莊子曰：「大王安坐定氣，劍事已畢奏矣。」

於是文王不出宫三月，劍士皆服斃其處也。

雜篇漁父第三十一 一章。

孔子遊乎緇帷之林，休坐乎杏壇之上。弟子讀書，孔子弦歌鼓琴，奏曲未半，有漁父者下船而來。鬚眉交白，被髮揄袂，行原以上，距陸而止，左手據膝，右手持頤以聽。曲終而招子貢、子路，二人俱對。客指孔子曰：「彼何爲者也？」子路對曰：「魯之君子也。」客問其族，子路對曰：「族孔氏。」客曰：「孔氏者，何治也？」子路未應，子貢對曰：「孔氏者，性服忠信，身行仁義，飾禮樂，選人倫。上以忠於世主，下以化於齊民，將以利天下。此孔氏之所治也。」又問曰：「有土之君與？」子貢曰：「非也。」「侯王之佐與？」子貢曰：「非也。」客乃笑而還行，言曰：「仁則仁矣，恐不免其身。苦心勞形，以危其真。嗚呼，遠哉其分於道也。」子貢還報孔子，孔子推琴而起曰：「其聖人與？」乃下求之，至於澤畔，方將杖拏而引其船，顧見孔子，還鄉而立。孔子反走，再拜而進，客曰：「子將何求？」孔子曰：「曩者先生有緒言而去，丘不肖，未知所謂，竊待於下風，幸聞咳唾之音，以卒相丘也。」客曰：「嘻，甚矣子之好學也。」孔子再拜而起，曰：「丘少而修學，以至於今，六十九歲矣，無所得聞至教，敢不虛心？」客曰：「同類相從，同聲相應，固天之理也。吾請釋吾之所有，而經子之所以。子之所以者，人事也。天子、諸侯、大夫、庶人，此四者自正，治之美也；四者離位，而亂莫大焉。官治其職，人憂其事，乃無所陵。故田荒室露，衣食不足，徵賦不屬，妻妾不和，長幼無序，庶人之憂也。能不勝任，官事不治，行不清白，群下荒怠，功美不有，爵祿不持，大夫之憂也。廷無忠臣，國家昏亂，工技不巧，貢職不美，春秋後倫，不順天子，諸侯之憂也。陰陽不和，寒暑不時，以傷庶物，諸侯暴亂，擅相攘伐，以殘民人，禮樂不節，財用窮匱，人倫不飭，百姓淫亂，天子有司之憂也。今子既上無君侯有司之勢，而下無大臣職事之官，而擅飾禮樂，選人倫，以化齊民，不泰多事乎？且人有八疵，事有四患，不可不察也。非其事而事之，謂之總。莫之顧而進之，謂之佞。希意道言，謂之諂。不擇是非而言，謂之諛。好言人之惡，謂之讒，析交離親，謂之賊。稱譽詐僞以敗惡人，謂之慝。不擇善否，兩容顏適，偷拔其所欲謂之險。此八疵者，外以亂人，内以傷身，君子不友，明君不臣。所謂四患者，好經大事，變更易常，以挂功名，謂之叨。專知擅事，侵人自用，謂之貪。見過不更，聞諫愈甚，謂之很。人同於己則可，不同於己，雖善不善，謂之矜。此四患也。能去八疵，無行四患，而始可教已。」「以敗惡人」句，張本「惡」作「德」，謂顛倒是非以敗人之德也，意尤警。孔子愀然而歎，再拜而起，曰：「丘再逐於魯，削迹於衛，伐樹於宋，圍於陳、蔡，丘不知所失，而離此四謗者何也？」客悽然變容曰：「甚矣子之難悟也。人有畏影惡迹而去之走者，舉足愈數而迹愈多，走愈疾而影不離身，自以爲尚遲，疾走不休，絶力而死，不知處陰以休影，處靜以息迹，愚亦甚矣。子審仁義之間，察同異之際，觀動靜之變，適受與之度，理好惡之情，和喜怒之節，而幾於不免矣。謹修而身，慎守其真，還以物與人，則無所累矣。今不修之身而求之人，不亦外乎？」孔子愀然曰：「請問何謂真？」客曰：「真者，精誠之至也。不精不誠，不能動人。故强哭者雖悲不哀，强怒者雖嚴不威，强親者雖笑不和。真悲無聲而哀，真怒未發而威，真親未笑而和。真在内者，神動於外，是所以貴真也。其用於人理也，事親則慈孝，事君則忠貞，飲酒則歡樂，處喪則悲哀。忠貞以功爲主，飲酒以樂爲主，處喪以哀爲主，事親以適爲主。功成之美，無一其迹矣。事親以適，不論所以矣。飲酒以樂，不選其具矣。處喪以哀，無問其禮矣。禮者，世俗之所爲也。真者，所以受於天也，自然不可易也。故聖人法天貴真，不拘於俗。愚者反此，不能法天而恤於人，不知貴真，禄禄而受變於俗，故不足。惜哉，子之蚤湛於人僞而晚聞大道也。」孔子又再拜而起曰：「今者丘得遇也，若天幸然。先生不羞而比之服役，而身教之。敢問舍所在，請因受業而卒學大道。」客曰：「吾聞之：可與往者，與之至於妙道；不可與往者，不知其道。慎勿與之，身乃無咎。子勉之，吾去子矣，吾去子矣。」乃刺船而去，延緣葦間。顏淵還車，子路授綏，孔子不顧，待水波定，不聞拏音而後敢乘。子路旁車而問曰：「由得爲役久矣，未嘗見夫子遇人如此其威也。萬乘之主，千乘之君，見夫子未嘗不分庭抗禮，夫子猶有倨傲之容。今漁父杖拏逆立，而夫子曲要磬折，再拜而應，得無太甚乎？門人皆怪夫子矣，漁父何以得此乎？」孔子伏軾而歎曰：「甚矣由之難化也。湛於禮義有間矣，而朴鄙之心至今未去。進，吾語女。夫遇長不敬，失禮也。見賢不尊，不仁也。彼非至仁，不能下人。下人不精，不得其真，故長傷身。惜哉，不仁之於人也，禍莫大焉，而由獨擅之。且道者萬物之所由也，庶物失之者死，得之者生，爲事逆之則敗，順之則成。故道之所在，聖人尊之。今漁父之於道，可謂有矣，吾敢不敬乎？」

雜篇列禦寇第三十二 三十一章。

列禦寇之齊，中道而反，遇伯昬瞀人。伯昬瞀人曰：「奚方而反？」曰：「吾驚焉。」曰：「惡乎驚？」曰：「吾嘗食於十餥而五餥先饋。」伯昬瞀人曰：「若是則女何爲驚已？」曰：「夫内誠不解，形諜成光，以外鎮人心，使人輕乎貴老，而𩐋其所患。夫餥人特爲食羹之貨，多餘之贏，其爲利也薄，其爲權也輕，而猶若是，而况於萬乘之主乎？身勞於國而知盡於事，彼將任我以事而效我以功，吾是以驚。」伯昬瞀人曰：「善哉觀乎。女處已，人將保女矣。」無幾何而往，則户外之屨滿矣。伯昬瞀人北面而立，敦杖蹙之乎頤，立有間，不言而出。賓者以告列子，列子提屨，跣而走，暨乎門，曰：「先生既來，曾不發藥乎？」曰：「已矣，吾固告女曰：人將保女。果保女矣。非女能使人保女，而女不能使人無保女也，而焉用之感豫出異也？必且有感，摇而本才，又無謂也。與女遊者，又莫女告也。彼所小言，盡人毒也。莫覺莫悟，何相孰也？巧者勞而知者憂，無能者無所求，飽食而遨遊，汎若不繫之舟，虚而遨遊者也。」

鄭人緩也，呻吟裘氏之地，袛三年而緩爲儒。河潤九里，澤及三族，使其弟墨。儒、墨相與辯，其父助翟。十年而緩自殺，其父夢之曰：「使而子爲墨者，予也。闔胡嘗視其良？既爲秋柏之實矣。」夫造物者之報人也，不報其人而報其人之天，彼故使彼。夫人以己爲有以異於人，以賤其親。齊人之井飲者相捽也。故曰：「今之世皆緩也。自是有德者以不知也，而况有道者乎？古者謂之遁天之刑。」

聖人安其所安，不安其所不安；衆人安其所不安，不安其所安。

莊子曰：「知道易，勿言難。知而不言，所以之天也。知而言之，所以之人也。古之人，天而不人。」

朱泙漫學屠龍於支離益，單千金之家三。句。技成而無所用其巧。

聖人以必不必，故無兵。衆人以不必必之，故多兵。順於兵，故行有求。兵，恃之則亡。

小夫之知，不離苞苴竿牘，敝精神乎蹇淺，而欲兼濟道物，太一形虚。若是者，迷惑於宇宙，形累不知太初。彼至人者，歸精神乎無始，而甘瞑乎無何有之鄉。水流乎無形，發泄乎太清。悲哉乎，女爲知在豪毛，而不知大寧。

宋人有曹商者，爲宋王使秦。其往也，得車數乘。王説之，益車百乘。反於宋，見莊子曰：「夫處窮閭阨巷，困窘織屨，槁項黄馘者，商之所短也。一悟萬乘之主而從車百乘者，商之所長也。」莊子曰：「秦王有病，召醫破癰潰痤者，得車一乘，舐痔者，得車五乘。所治愈下，得車愈多。子豈治其痔邪，何得車之多也？子行矣。」

魯哀公問乎顔闔曰：「吾以仲尼爲貞幹，國其有瘳乎？」曰：「殆哉圾乎仲尼。方且飾羽而畫，從事華辭，以支爲旨，忍性以視民，而不知不信。受乎心，宰乎神，夫何足以上民？句。彼宜女與？予頤與〔二〕？誤而可矣。句。「誤」當作「誒」，言民但宜彼此相順娛誒而可矣。今使民離實學僞，句。非所以視民也。句。爲後世慮，不若休之。句。難治也。」

施於人而不忘，非天布也。

商賈不齒，雖以事齒之，神者弗齒。

爲外刑者，金與木也；爲内刑者，動與過也。宵人之離外刑者，金木訊之；離内刑者，陰陽食之。夫免乎外内之刑者，唯真人能之。

孔子曰：「凡人心險於山川，難於知天。天猶有春秋冬夏旦暮之期，人者厚貌深情。故有貌愿而益，有長若不肖，有順懁而達，有堅而縵，有緩而釬。故其就義若渴者，其去義若熱。故君子遠使之而觀其忠，近使之而觀其敬，煩使之而觀其能，卒然問焉而觀其知，急與之期而觀其信，委之以財而觀其仁，告之以危而觀其節，醉之以酒而觀其則，雜之以處而觀其色。九徵至，不肖人得矣。」

〔二〕「頤」，原作「順」，據世德堂本卷一〇改。

正考父一命而傴，再命而僂，三命而俯，循牆而走，孰敢不軌？如而夫者，一命而呂鉅，再命而於車上儛，三命而名諸父，孰協唐許？

賊莫大乎德有心而心有睫，及其有睫也而内視，内視而敗矣。凶德有五，中德爲首。何謂中德？中德也者，有以自好也，而吡其所不爲者也。

窮有八極，達有三必，形有六府。美、髯、長、大、壯、麗、勇、敢，八者俱過人也，因以是窮。緣循、偃佒、困畏，不若人三者俱通達。知慧外通，勇動多怨，仁義多責，六者所以刑也。「六者所以刑也」六字，從劉得一本增。

達生之情者傀，達於知者肖，達大命者隨，達小命者遭。

人有見宋王者，錫車十乘，以其十乘驕穉莊子。莊子曰：「河上有家貧恃緯蕭而食者，其子没於淵，得千金之珠。其父謂其子曰：『取石來鍛之。夫千金之珠，必在九重之淵而驪龍頷下，子能得珠者，必遭其睡也。使驪龍而寤，子尚奚微之有哉？』今宋國之深，非直九重之淵也；宋王之猛，非直驪龍也。子能得車者，必遭其睡也。使宋王而寤，子爲齏粉夫。」

或聘於莊子，莊子應其使曰：「子見夫犧牛乎？衣以文繡，食以芻菽，及其牽而入於太廟，雖欲爲孤犢，其可得乎？」莊子將死，弟子欲厚葬之。莊子曰：「吾以天地爲棺槨，以日月爲連璧，星辰爲珠璣，萬物爲齎送。吾葬具豈不備邪？何以加此？」弟子曰：「吾恐烏鳶之食夫子也。」莊子曰：「在上爲烏鳶食，在下爲螻蟻食，奪彼與此，何其偏也？」

以不平平，其平也不平。以不徵徵，其徵也不徵。明者唯爲之使，句。神者徵之。句。夫明之不勝神也久矣，而愚者恃其所見入於人，句。其功外也，不亦悲乎。

雜篇天下第三十三一章。

天下之治方術者多矣，皆以其有爲不可加矣。古之所謂道術者，果惡乎在？曰：無乎不在。曰：神何由降？明何由出？聖有所生，王有所成，皆原於一。不離於宗，謂之天人。不離於精，謂之神人。不離於真，謂之至人。以天爲宗，以德爲本，以道爲門，兆於變化，謂之聖人。以仁爲恩，以義爲理，以禮爲行，以樂爲和，薰然慈仁，謂之君子。以法爲分，以名爲表，以參爲驗，以稽爲決，其數一二三四是也，百官以此相齒，以事爲常，以衣食爲主，蕃息畜藏，老弱孤寡爲意，皆有以養，民之理也。古之人其備乎。配神明，醇天地，育萬物，和天下，澤及百姓，明於本數，係於末度，六通四辟，小大精粗，其運無乎不在。其明而在數度者，舊法、世傳之史尚多有之；其在於《詩》、《書》、《禮》、《樂》者，鄒魯之士、搢紳先生多能明之。《詩》以道志，《書》以道事，《禮》以道行，《樂》以道和，《易》以道陰陽，《春秋》以道名分，其數散於天下而設於中國者，百家之學時或稱而道之。天下大亂，聖賢不明，道德不一，天下多得一察焉以自好。譬如耳目鼻口，皆有所明，不能相通。猶百家衆技也，皆有所長，時有所用。雖然，不該不徧，一曲之士也。判天地之美，析萬物之理，察古人之全，寡能備於天地之美，稱神明之容。是故内聖外王之道，闇而不明，鬱而不發，天下之人各爲其所欲焉以自爲方。悲夫，百家往而不反，必不合矣。後世之學者，不幸不見天地之純，古人之大體，道術將爲天下裂。不侈於後世，不靡於萬物，不暉於數度，以繩墨自矯，而備世之急。古之道術有在於是者，墨翟、禽滑釐聞其風而説之，爲之大過，已之大順。疑當作「慎」。作爲《非樂》，命之曰《節用》。生不歌，死無服。墨子氾愛兼利而非鬭，其道不怒，又「又」當作「不」，墨子不好學説，見《韓非子》。好學而博，不異，句。不與先王同，毁古之禮樂。黄帝有《咸池》，堯有《大章》，舜有《大韶》，禹有《大夏》，湯有《大濩》，文王有《辟雍》之樂，武王、周公作《武》。古之喪禮，貴賤有儀，上下有等，天子棺槨七重，諸侯五重，大夫三重，士再重。今墨子獨生不歌，死不服，桐棺三寸而無槨，以爲法式。以此教人，恐不愛人。以此自行，固不愛己。未敗墨子道，雖然，歌而非歌，哭而非哭，樂而非樂，是果類乎？其生也勤，其死也薄，其道大觳；使人憂，使人悲，其行難爲也。恐其不可以爲聖人之道，反天下之心。天下不堪，墨子雖獨能任，奈天下何？離於天下，其去王也遠矣。墨子稱道曰：「昔者禹之湮洪水，決江河，而通四夷九州也。名川三百，支川三千，小者無數。禹親自操槀耜，而九雜天下之川，腓無胈，脛無毛，沐甚雨，櫛疾風，置萬國。禹，大聖也，而形勞天下也如此。」使後世之墨者多以裘褐爲衣，以跂蹻爲服，日夜不休，以自苦爲極，曰：「不能如此，非禹之道也，不足爲墨。」相里勤之弟子，五侯之徒，南方之墨者苦獲、已齒、鄧陵子之屬，俱誦《墨經》，而倍譎不同，相謂別墨。以堅白同異之辯相訾，以觭偶不仵之辭相應，以巨子爲聖人，皆願爲之尸，冀得爲其後世，至今不決。墨翟、禽滑釐之意則是，其行則非也，將使後世之墨者必自苦以腓無胈、脛無毛，相進而已矣。亂之上也，治之下也。雖然，墨子真天下之好也，將求之不得也，雖枯槁不舍也，才士也夫。不累於俗，不飾於物，不苟於人，不忮於衆，願天下之安寧以活民命，人我之養畢足而止，以此白心。古之道術有在於是者，宋鈃、尹文聞其風而説之。尹文子，《藝文志》在名家。又小説家有宋子，注云：「其言黄老意。」殆即鈃也。作爲華山之冠以自表，接萬物以別宥爲始，語心之容，命之曰心之行，以聏合驩，以調海内，請欲置之以爲主。見侮不辱，救民之鬭，禁攻寢兵，救世之戰。以此周行天下，上説下教，雖天下不取，强聒而不舍者也。故曰：上下見厭而强見也。雖然，其爲人太多，其自爲太少。曰：「請欲固置五升之飯足矣。」先生恐不得飽，弟子雖飢，不忘天下，日夜不休，曰：「我必得活哉。」圖傲乎救世之士哉。曰：君子不爲苛察，不以身假物。以爲無益於天下者，明之不如已也。以禁攻寢兵爲外，以情欲寡淺爲内。其小大精粗，其行適至是而止。公而不當，易而無私，決然無主，趣物而不兩，不顧於慮，不謀於知，於物無擇，與之俱往。古之道術有在於是者，彭蒙、田駢、慎到聞其風而説之。齊萬物以爲首，曰：「天能覆之而不能載之，地能載之而不能覆之，大道能包之而不能辯之。知萬物皆有所可，有所不可，故曰選則不偏，教則不至，道則無遺者矣。」是故慎到棄知去己而緣不得已，泠汰於物以爲道理，曰知不知，將薄知而後鄰傷之者也，謑髁無任而笑天下之尚賢也，縱脱無行而非天下之大聖，椎拍輐斷，與物宛轉，舍是與非，苟可以免。不師知慮，不知前後，魏然而已矣。推而後行，曳而後往，若飄風之還，若羽之旋，若磨石之隧，全而無非，動静無過，未嘗有罪。是何故？夫無知之物，無建己之患，無用知之累，動静不離於理，是以終身無譽。故曰：至於若無知之物而已，無用賢聖，夫塊不失道。豪傑相與笑之曰：「慎到之道，非生人之行，而至死人之理，適得怪焉。」田駢亦然，學於彭蒙，得不教焉。彭蒙之師曰：「古之道人，至於莫之是、莫之非而已矣。其風窢然，惡可而言？」常反人，不見觀，而不免於魭斷，其所謂道非道，而所言之韙不免於非。彭蒙、田駢、慎到不知道，雖然，概乎皆嘗有聞者也。以本爲精，以物爲粗，以有積爲不足，淡然獨與神明居，古之道術有在於是者，關尹、老聃聞其風而説之。建之以常無有，主之以太一，以濡弱謙下爲表，以空虚不毁萬物爲實。關尹曰：「在己無居，形物自著。」其動若水，其静若鏡，其應若響。芴乎若亡，寂乎若清，同焉者和，得焉者失，未嘗先人而常隨人。老聃曰：「知其雄，守其雌，爲天下谿。知其白，守其辱，爲天下谷。」人皆取先，己獨取後，曰受天下之垢。人皆取實，己獨取虛，無藏也，故有餘，巋然而有餘。其行身也，徐而不費，無爲也而笑巧。人皆求福，己獨曲全，曰苟免於咎。以深爲根，以約爲紀，曰堅則毀矣，鋭則挫矣。常寬容於物，不削於人，雖未至極。「雖未」二字作「可謂」，從李氏本改。關尹、老聃乎，古之博大真人哉。陽子居即楊朱，老子之徒。莊子論諸子，有老聃而無楊子居，猶孟子闢楊、墨，不必言老子也。

芴漠無形，變化無常，死與生與，天地竝與，神明往與。芒乎何之，忽乎何適，萬物畢羅，莫足以歸。古之道術有在於是者，莊周聞其風而説之。以謬悠之説，荒唐之言，無端崖之辭，時恣縱而儻，「而」下「不」字，從陸氏《音義》本删。不以觭見之也。以天下爲沈濁，不可與莊語，以卮言爲曼衍，以重言爲真，以寓言爲廣。獨與天地精神往來，而不敖倪於萬物，不譴是非，以與世俗處。其書雖瓌瑋，而連犿無傷也。其辭雖參差，而諔詭可觀。彼其充實，不可以已。上與造物者遊，而下與外死生、無終始者爲友。其於本也，宏大而辟，深閎而肆。其於宗也，可謂調適而上遂矣。雖然，其應於化而解於物也，其理不竭，其來不蜕，芒乎昧乎，未之盡者。

惠施多方，其書五車，其道舛駁，其言也不中。厤物之意，曰：至大無外，謂之大一。至小無内，謂之小一。無厚，不可積也，其大千里。天與地卑，山與澤平，日方中方睨，物方生方死。大同而與小同異，此之謂小同異。萬物畢同畢異，此之謂大同異。南方無窮而有窮，今日適越而昔來。連環可解也。我知天下之中央，燕之北，越之南是也。氾愛萬物，天地一體也。惠施以此爲大，觀於天下而曉辯者，天下之辯者相與樂之。卵有毛，雞三足，郢有天下，犬可以爲羊，馬有卵，丁子有尾，火不熱，山出口，輪不蹍地，目不見，指不至，至不絶，龜長於蛇，矩不方，規不可以爲圓，鑿不圍枘，飛鳥之景未嘗動也，鏃矢之疾而有不行不止之時，狗非犬，黄馬驪牛三，白狗黑，孤駒未嘗有母，一尺之棰，日取其半，萬世不竭。辯者以此與惠施相應，終身無窮。桓團、公孫龍辯者之徒，飾人之心，易人之意，能勝人之口，不能服人之心，辯者之囿也。惠施日以其知與人之辯，特與天下之辯者爲怪，此其柢也。然惠施之口談，自以爲最賢，曰：天地其壯乎。施存雄而無術。南方有倚人焉，曰黄繚，問天地所以不墜不陷，風雨雷霆之故。惠施不辭而應，不慮而對，徧爲萬物説。説而不休，多而無已，猶以爲寡，益之以怪。以反人爲實，而欲以勝人爲名，是以與衆不適也。弱於德，强於物，其塗隩矣。由天地之道觀惠施之能，其猶一蚊一虻之勞者也。其於物也何庸？夫充一尚可，曰愈貴道，幾矣。惠施不能以此自寧，散於萬物而不厭，卒以善辯爲名。惜乎，惠施之才，駘蕩而不得，逐萬物而不反，是窮響以聲，形與影競走也，悲天。

是篇乃《莊子》後序，其意以爲道也者，本末精粗一貫，世之學者得其粗末耳。若得其本原，則粗末莫能外也。百家之學多矣，形名、法術、縱横之類，其爲粗末，不待言而明。若墨子、宋鈃、彭蒙之徒，退讓淡泊，遠去知謀矜夸之習，稍近於道，故述而論其是非。若夫關尹、老聃，其道殆與莊生合矣，而微不同。蓋篇首所云聖人君子者，儒者之所奉教是也。不離於真，則關尹、老聃，古之博大真人是已。然猶未至極，若莊生之獨與天地精神往來，不敖睨於萬物，則獨所謂不離於宗，謂之天人者爾。其辭義之不孫如是，而宋賢反謂莊子是篇推尊儒者甚至，則於其文義有未審矣。末又以其書瓌瑋諔詭，近于辯者，故併及惠施，以爲彼之舛駁，無與於道術。若《莊子》之充實不可以已，與辯者縣殊，欲世讀者毋偉其辭，而失其旨也。

惜抱軒遺書三種序

今天下言古文者，必宗桐城，蓋肇自望溪方氏，而集成於惜抱姚先生。予聞之湘鄉曾文正公有年矣。文正私淑先生，躋諸聖哲，既詳於畫像述贊，而導啓晚進，尤齗齗焉舉以爲歸，由是天下益翕然無異辭。獨惜所撰輯諸書，兵興而還，燬者大半。予開府江南，首刊《古文辭類篹》、《五七言今體詩鈔》，而經説、詩文、雜著，號稱十種者，予伯兄續刊於湖廣節署。嗣是《老子章義》刊於揚州，《尺牘》刊於長沙，世所傳先生書，大略備矣。先生既以文詔天下，其鄉里承學之士，代嬗不窮。以予夙知，若方存之大令、徐椒岑主政、吴摯甫刺史，皆卓然有名稱。日者摯甫語先生遺書有《莊子章義》、《書録》二種舊未盛行，而《尺牘》又有補編，予心嚮之不置，今椒岑乃倡議集刊，甚盛事也。桐城距吾郡二百里，往來相望，其後先輩推引，類多如此，文學淵源，固宜非他邑之所可及哉。予故樂爲天下言之。光緒五年己卯春正月，合肥李鴻章。

惜抱軒遺書三種目

桐城姚鼐姬傳

莊子章義五卷

書録四卷

尺牘補編二卷

右姚先生遺書三種，光緒己卯之春，宗亮集刊，凡三閲月而畢。先生學行文章，衣被海内，非鄉里所可得私。生平撰輯之書，無慮十數種，雖經兵亂，舉見翻雕，惟《莊義》、《書録》初未盛行，而尺牘散於親知，賡續始就。世有校録先生大全集者，固宜不廢之也。爰總三書，而識其原起於此。邑後學徐宗亮。

圖書在版編目（CIP）數據

南華經別編 /（明）王宗沐撰；劉莉莎點校．莊子章義 /（清）姚鼐撰；劉韶軍點校．—福州：福建人民出版社，2023.9

（莊子集成 / 劉固盛主編）

ISBN 978-7-211-09181-2

Ⅰ．①南…　②莊…　Ⅱ．①王…　②姚…　③劉…　④劉…　Ⅲ．①《莊子》－注釋

Ⅳ．① B223.5

中國國家版本館 CIP 數據核字 (2023) 第 191303 號

南華經別編　莊子章義

作　　者：[明] 王宗沐 撰　劉莉莎 點校
　　　　　[清] 姚　鼐 撰　劉韶軍 點校

責任編輯：黃須友　莫清洋

美術編輯：白　玫

責任校對：李雪瑩

出版發行：福建人民出版社

電　　話：0591-87533169（發行部）

網　　址：http://www.fjpph.com

電子郵箱：fjpph7221@126.com

地　　址：福建省福州市東水路 76 號

經　　銷：福建新華發行（集團）有限責任公司

印刷裝訂：上海盛通時代印刷有限公司

地　　址：上海市金山區廣業路 568 號

電　　話：021-37910000

開　　本：890 毫米 ×1240 毫米　1/32

印　　張：9.375

字　　數：165 千字

版　　次：2023 年 9 月第 1 版第 1 次印刷

書　　號：ISBN 978-7-211-09181-2

定　　價：60.00 元